KB095093

로봇을 향한 열정, 일본 애니메이션

아톰에서 에반게리온까지

차례
Contents

프롤로그: 아톰에서 에반게리온까지

일본과 애니메이션, 그리고 로봇

21세기 최대의 화두, 로봇에 대한 관심이 증대되면서 로봇의 서사적 역할에 대한 해석의 요구도 뒤따르고 있다. 흔히 SF 장르로 일컬어지는 서사물에서 주로 등장하는 로봇은 단지 서사적 기능에만 그치는 것이 아니라 로봇에 대한 상상의 영역을 넓혀 주어 현실 세계의 기술적 영감으로 작용하기도 한다. 실제로 어렸을 적 아톰을 보고 자란 일본의 많은 로봇공학자들의 가슴을 설레게 하는 목표는 아톰과 같은 2족보행 로봇을 만드는 것이었으며, 지난 2000년 첫 선을 보인 혼다의 아시모[1]는 그러한 꿈이 일본에서 최초로 실현되었다는 증거가 되었다.

　　인간의 마음을 지닌 로봇소년 아톰이 우주를 누비며 악
당을 처부수는 모습은 많은 일본 어린이들이 긍정적인 로봇
관을 형성하는 데 결정적인 영향을 미쳤다. 돌아보면 어린
시절 과학자가 되고 싶다던 철부지 소년의 당찬 포부에는
흑백 화면으로 즐겨보던 만화 영화 주인공 아톰의 이미지가
깔려 있음을 고백하지 않을 수 없다.

　　　　　　　　　　　　－ 배일한, 『인터넷 다음은 로봇이다』

　　이러한 배경에서 우리가 로봇의 서사적 기능에 접근해 갈
때 교두보를 마련해 주는 두 가지 큰 키워드가 있다. 바로 ‘일
본’과 ‘애니메이션’이다. 일본은 로봇 산업에 있어 누구나 인
정하는 선두 주자이며, 애니메이션은 실사로 표현이 까다로운
편에 속하는 로봇을 소재로 다루기에 매우 적합한 콘텐츠이
다. 이 두 가지 키워드는 일본이 자타가 공인하는 애니메이션
의 왕국이라는 사실에서 접점을 형성한다. ‘일본’과 ‘로봇’ 그
리고 ‘애니메이션’은 서로 이렇게 긴밀한 관계로 얽혀 있다.
　　이 책에서는 TV 시리즈로 방영된 작품들을 비롯하여, 비디
오·DVD로 출시되거나 극장을 통해 개봉된 많은 일본 애니메
이션들 중에서 몇 작품을 선정하여 로봇이라는 소재에 한정한
분석을 해 보고자 한다. 작품마다 중점을 두고 분석하게 될 내
용은 대략 세 가지 정도이다. 첫째, 로봇의 캐릭터 디자인이다.

일본 애니메이션은 두터운 만화 인력 기반으로 작화와 캐릭터 디자인이 뛰어나기로 유명하다. 나가노 마모루[2]나 카와모리 쇼지[3]와 같이 세계적인 메카닉 디자이너들이 상상해 낸 로봇들은 섬세하고 과학적이며 또한 매우 독창적이다. 둘째, 작품의 세계관에서 로봇으로 이어지는 관계에 대한 설정이다. 일본 애니메이션에서 로봇은 억지로 틀에 맞춘 소재가 아니라 세계관에 의해 필연적으로 등장할 수밖에 없는 요소인 경우가 많다. 따라서 로봇은 주제와 밀접한 관련을 가지며 때로는 철학적인 화두가 되기도 한다. 여기서 우리는 정교하고 논리적인 배경 설정이 주효하고 있음을 알 수 있다. 마지막으로 로봇이 이야기를 끌어나가는 방법에 관한 것이다. 대부분 인류가 감당할 수 없는 적과의 전쟁이나 전투로 이야기가 전개되지만 인조인간이나 사이보그 소재 작품의 경우에는 드라마적인 전개 양상이 나타나기도 한다. 로봇이 플롯상에서 어떤 역할을 하는가가 눈여겨볼 만한 부분이다.

이 책에서는 주로 위의 세 가지를 비롯한 더 많은 접근 방식들을 사용하여 일본 애니메이션의 로봇에 대해 알아볼 것이다. 일본 애니메이션에 관한 책이나 논문은 많이 있지만 로봇이라는 특정 소재에 대하여 다루어 본 시도는 아직 없었다. 로봇 소재는 따로 구별해서 볼 필요가 있을 만큼 일본 애니메이션에서 차지하는 비중이 크며 로봇 장르만의 고유한 특성도 보인다. 이 저서가 일본 애니메이션, 그리고 그중에서도 특히 SF·로봇·메카닉 장르에 관심 있는 사람들에게 적절한 참고가

되었으면 한다.

　본격적인 테마 분석에 앞서 일본의 로봇 소재 애니메이션의 역사와 그 속에 등장하는 로봇 캐릭터의 분류에 대해 개략적으로 알아보자.

〈철완 아톰〉에서 〈신세기 에반게리온〉까지

　TV라는 매체로 한정할 때, 일본 로봇 애니메이션의 시작은 곧 일본 애니메이션의 시작과 동일하다. 바로 1963년 1월 후지 TV를 통해 방영된 데츠카 오사무4)의 불후의 명작 <철완 아톰>이 일본에서 애니메이션의 TV 시대를 연 첫 작품이기 때문이다. 이 작품은 리미티드 애니메이션 기법5)으로 제작되어 효율적으로 예산을 확보하고 당시 애니메이션의 기준에서 볼 때, 상당히 복잡한 스토리 구조를 차용하였다. 더욱이 인간 소년과 닮은 친근한 이미지의 안드로이드를 주인공으로 내세워 캐릭터의 힘까지 얻었다. 결과는 대성공이었으며 이로 인해 애니메이션이 일본의 유력 수출 상품으로 지정되고 다양한

데츠카 오사무, 〈철완 아톰〉.

애니메이션 제작에 박차를 가하게 되는 제1차 일본 애니메이션 붐이 일어났다.

<철완 아톰> 이후 <철인 28호>와 <에이트맨>이 곧 제작 방영되었으며 이후 1972년 우리에게도 친숙한 <마징가 Z>가 방영되었다. 아톰이 안드로이드 형태의 로봇이었다면 철인 28호와 마징가 Z는 웬만한 건물쯤은 가볍게 넘어서는 크기의 거대로봇으로 거대로봇물 혹은 슈퍼로봇물이라고 불리는 하나의 장르를 형성하였다. 1974년에는 <겟타로보>와 <그레이트 마징가> 등이 연이어 성공을 거두고 <UFO 로봇 그랜다이저>도 거대로봇의 대열에 합류해 거대로봇 애니메이션의 시대가 열린다. 1977년 방영된 <합신전대 메칸더 로보>는 이후 우리나라에서 <메칸더 V>라는 이름으로 1986년부터 MBC를 통해 방영되어 커다란 인기를 끌기도 했다. 거대로봇 애니메이션은 그 작품의 수만큼이나 일본 애니메이션계 전체에도 많은 영향을 미쳤다. 그리고 거대로봇물의 연장선상에서 제1차 일본 애니메이션 붐을 절정으로 이끌고 이후 현재까지도 일본 최고의 애니메이션으로 인정받는 대작이 1979년 4월 탄생하게 된다. 일본 굴지의 애니메이션 기업 '선라이즈' 제작, 토미노 요시유키 원작의 <기동전사 건담>이 바로 그 작품이다. 거대로봇과 구별하여 '리얼 로봇'이라는 장르를 만들어 낸 이 작품은 흥행과 작품성 모두 좋은 성적과 평가를 받고 프라모델 산업에도 혁혁한 기여를 한 후 최근까지도 꾸준히 시리즈물로 기획되고 있다. 건담에 대해서는 다

음 장에서 더 자세히 다루도록 한다.

1980년대 중반 이후 새로운 매체인 비디오 플레이어의 보급과 더불어 OVA[6]로 제작되는 애니메이션이 늘어나게 된다. 이 시기부터 다소 거품이 끼어 무리한 투자와 양산으로 인해 일본 애니메이션 자체에도 다소 침체기가 찾아온다. 하지만 미야자키 하야오의 판타지류 작품과 더불어 이를 극복하고 제2차 일본 애니메이션 붐을 일으킨 로봇 애니메이션이 있었으니, 바로 <공각기동대(Ghost In The Shell)>와 <신세기 에반게리온>이었다. TV시리즈에 앞서 극장판으로 먼저 1995년 제작된 오시이 마모루[7] 감독, 프로덕션 I.G. 제작의 <공각기동대>는 미래 전뇌 사회에 대한 철학적인 접근으로 이슈화 되어 세계적인 주목을 받았다. 영화 <매트릭스>를 제작한 워쇼스키 형제는 <공각기동대>에서 <매트릭스>에 대한 많은 영감과 아이디어를 얻었다고 밝히기도 하였다. 같은 해 TV를 통해 방영된 안노 히데아키 감독의 <신세기 에반게리온>은 감독 자신은 물론, GAINAX(가이낙스)라는 오타쿠[8]적 성향의 창작집단을 일약 세계적인 애니메이션 기업으로 발돋움시킨 화제작이다. 이와 같이 1990년대 중반 이후 등장하게 되는 세기말적 분위기의 로봇 애니메이션들은 당시 사회적인 분위기와 맞물려 큰 성공을 거두고 일본 애니메이션을 또 한 번 부흥시킨다. 뿐만 아니라 거대로봇으로 어느 정도 정형화되어 가던 로봇 애니메이션의 공식에도 인공지능, 로봇의 진화, 생체로봇, 우주와 외계인 등의 참신한 소재들을 불러와 새롭게

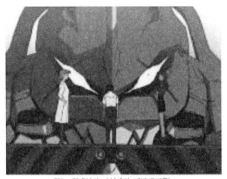

안노 히데아키, 〈신세기 에반게리온〉.

나아갈 방향을 제시하기도 하였다.

이후 현재까지 로봇 소재 애니메이션은 일본 애니메이션 전체에 있어 큰 비중을 차지하고 있으며 현실 세계의 로봇 기술 진보와 발맞추어 더욱 다양한 형태로 여러 장르를 넘나들며 제작되고 있다.

고양이 로봇 '도라에몽'부터 천하장사 '마징가 Z'까지

현실에는 수많은 종류의 로봇이 존재하며 정의가 어떠하냐에 따라 컴퓨터도 로봇으로 분류되기도 한다. 애니메이션 속의 로봇들은 대부분 상상의 힘을 빌려 만들어진 것이기 때문에 현실의 로봇들과 일대일 대응을 이루지는 않는다. 대체로 애니메이션에 등장하는 로봇의 기술 수준은 현실의 그것을 상회한다. 애니메이션에서 주요 캐릭터로 등장하는 안드로이드나 거대로봇은 현실의 기술로는 아직 구현 가능성이 희박한 로봇이다. 반면 현실에서 매우 기능적인 로봇으로 여겨지는 공업용 로봇 팔이나 무인 로봇은 캐릭터로서의 힘이 부족하여 애니메이션에 주요 배역으로 등장하지 못한다. 따라서 여기서는 현실 속 로봇 분류 기준과는 조금 다른 방식으로 애니메이션 속의 로봇 캐릭터를 분류해 보고자 한다.

인간형 - 안드로이드형

우선 <철완 아톰>의 아톰과 <기동전사 건담>의 건담이 인간형에 속하는 양대 로봇의 기준을 제시한다. 아톰은 안드로이드이며 건담은 거대로봇이다. 안드로이드는 보통 스스로 판단하고 행동하게 하는 인공지능을 가지고 있다. 현실적으로 어려운 일이지만, 상상의 날개는 인공지능에만 그치지 않고 로봇에게 양심과 감정까지 허락한다. 인간형의 외모를 가지고 인간과 더불어 살아가지만 어딘가 어색한 분위기를 내기도 하며, 자신의 존재에 대해 고민한다. 아톰을 비롯해 <인조인간 키카이다>의 지로, <THE BIG O>의 R. 도로시 웨인라이트 등이 대표적인 안드로이드 캐릭터이다.

인간형 - 거대로봇형(슈퍼로봇형)

거대로봇은 대표적으로 <기동전사 건담>의 건담을 들 수 있다. 마징가 Z, 겟타로보, 철인 28호, 그랜다이저 등 주로 파일럿이 내부에 탑승하여 움직임을 제어하는 구조이다. 보통 3

층 건물 이상의 크기를 가지며 적과의 근접 전투를 목적으로
한다. 이들 거대로봇에 자아의 개념이 있는 경우는 극히 드물
다. 따라서 거대로봇물의 경우 거대로봇을 제어하는 파일럿이
주인공이며 로봇은 단지 전투를 위한 도구로 다루어질 뿐이
다. 하지만 작품의 제목이 대부분 거대로봇의 이름에서 오는
것에서 알 수 듯이, 거대로봇 캐릭터는 작품 전체의 이미지를
대표하는 경우가 많다.

거대로봇은 다시 변신형과 분리·합체형으로 나누어 볼 수
있다. 물론 두 가지를 결합한 형태의 변신·합체형도 있다. 유
명한 변신형 로봇이 등장하는 작품으로는 <UFO 로봇 그랜다
이저>와 <마크로스> 시리즈, <기동전사 Z 건담> 등이 있
으며 분리·합체형이 등장하는 작품은 <겟타로보> <육신합
체 갓마즈> <합신전대 메칸더 로보> 등이 대표적이다.

거대로봇은 슈퍼로봇이라고
도 불리며 마니아들을 양산하
였다. '반다이' 사로 대표되는
완구용 프라모델은 애니메이
션과 연계된 실 산업 중 성공
적인 수익 모델이며 주로 건담
을 비롯하여 슈퍼로봇을 모델
로 제작되었다. 나아가 각각 다
른 작품에서 주인공격인 슈퍼
로봇들끼리 싸우면 누가 이길

게임 <슈퍼로봇대전>(PS2용).

까라는 화두가 팬들 사이에서 확대되자 이들 로봇을 같이 출현시키는 시도도 이어졌다. 1975년 극장판으로 제작된 <그레이트 마징가 대 겟타로보>가 대표적이며 각종 거대로봇들이 등장하는 '슈퍼로봇대전'이라는 플레이스테이션2용 게임은 지금까지도 시리즈로 제작되며 꾸준한 판매량을 보이고 있다.

슈트(착용)형

거대로봇의 경우보다 더욱 감정 이입의 정도가 덜하며 도구적 기능에 충실한 것이 슈트형 로봇이다. 착용하는 인간의 신체적 기능을 크게 향상시켜 주는 전투 보조형 장갑의 개념으로 현재의 과학기술로 구현 가능한 가장 근접한 형태의 로봇이라고 볼 수 있다. 따라서 슈트를 착용하는 인간 캐릭터의 성격이나 모습이 로봇에 의해 왜곡을 거의 받지 않은 채 작품에 드러나게 된다. 슈트형 로봇이 등장하는 대표적인 작품으로 <버블검 크라이시스> 시리즈와 <블루젠더>가 있다.

비인간형

<기동전사 건담>에는 인간형 병기인 건담이나 자크 시리즈 말고도 '모빌아머'라는 개념의 비인간형 로봇이 등장한다. 로봇이라기보다 전투기 형태에 가까운 것도 있지만 로봇 팔이나 촉수 등을 장착한 경우, 이동을 위한 부분을 제외하고는 로봇에 가깝다. 전투형이 아닌 비인간형 로봇은 애완로봇이나 인공지능을 탑재한 이동형 컴퓨터의 모습을 취하는 경우가 많

다. 영화 <스타워즈> 시리즈의 'R2D2'처럼 <기동전사 건담>의 '하로'나 <반드레드>의 '뺴로' 같은 캐릭터는 축구공만한 크기로 작품 내에서 감초 역할을 하는 귀여운 대상으로 등장한다. 동물의 형태를 한 로봇도 있다. 또한 일본의 국민 애니메이션 <도라에몽>[9]의 도라에몽 역시 귀가 없는 고양이를 닮은 귀여운 로봇의 모습을 하고 있다. 그 밖에 <바벨 2세>[10]에서 나오는 3기의 수호 로봇 중 퓨마형 '로뎀'과 가고일형의 '로프로스', <마호로매틱>에 나오는 서포트메카 '슬래슈' 등이 있다.

사이보그형

사이보그는 기본적으로 로봇이 아닌 의수, 의족과 같은 의체의 개념으로 봐야 하지만 진보된 기술을 상정하는 애니메이션의 세계에서는 그 기능과 범위가 확장되어 거의 로봇으로 보아도 무리가 없다. 안드로이드에 비하면 인공지능 대신 사람이 직접 제어한다는 점 정도가 다를 것이다. <공각기동대>의 주인공 쿠사나기 모토코는 뇌의 일부를 제외한 신체가 100 퍼센트 기계로 대체되어 있다. 안드로이드 로봇이나 다름없는 물리적 조건을 가진 것이다. 영화 <로보캅>의 주인공과 마찬가지로 보면 된다. 1968년 제작된 고전 애니메이션 <사이보그 009>[11]에서는 본격적인 사이보그들의 세상을 그리고 있으며 개성 있는 능력을 가진 매우 다양한 종류의 사이보그가 등장한다.

위에 열거한 대표적인 종류들을 제외하고도 많은 로봇이 다양한 요소에서 등장한다. 보다 로봇다운 기능을 하는 로봇도 있다. <기동전함 나데시코>에 등장하는 테라포밍 로봇은 나노 머신으로서 자기 증식을 통해 화성에 지구와 같은 대기를 공급하고 해로운 광선을 차단하는 역할을 한다. <프라레스 산시로>[12])에서는 소형 격투 로봇을 원격 조정해서 격투 대회를 벌인다는 설정이다.

All ^{that Gundam}

신화가 된 리얼 로봇의 효시

일본 로봇 애니메이션을 이야기하면서 <기동전사 건담>(1979)13)을 빼놓고 이야기 할 수는 없다. <철인 28호>(1963)와 <마징가 Z>(1972) 등이 이룩한 거대로봇 애니메이션의 유행은 로봇 애니메이션에 대한 몇 가지 이미지를 확립시켰다. 거대한 몸집과 굉장한 파워와 함께 일격 필살기를 지닌 거대로봇과 권선징악의 단순한 스토리 구조는 저연령 시청자들의 눈높이에 맞는 수준이었기 때문에 거대로봇 애니메이션은 아동용이라는 인식이 생기게 되었다.

그때까지의 대형 로봇 작품은 철저한 권선징악주의의 스
토리 구성으로, 자극적인 효과음을 수반한 화려한 합체가
있었으며, 어린아이들도 알기 쉬운 전투 장면이 있었다. (중
략) 게다가 로봇 붐은 일단락되어서 매너리즘에 빠졌다. 아
니메(일본 애니메이션) 업계 전체도 창조성이라는 의미로는
저조하고 소재거리가 없어 허덕이던 시대이기도 하였다.

　　　　　　- 야마구치 야스오, 『일본 애니메이션의 역사』

　이러한 로봇 소재 애니메이션의 위기를 기회로 바꾸며 등
장한 것이 바로 토미노 요시유키[14] 감독의 '퍼스트 건담'이라
불리는 <기동전사 건담>이다. 복잡한 세계관과 과학적 근거
가 반영된 각종 설정들, 정치적인 갈등과 전쟁으로부터 빚어
지는 소재, '뉴타입'이라는 가능성에 대한 철학적 성찰은 기존
의 거대로봇 애니메이션과는 차별화되는 점이었고 다양한 연
령층의 폭발적인 지지를 얻어 흥행에 성공한다. 이후 건담시
리즈는 리얼 로봇 애니메이션이라는 새로운 장르의 시대를 열
었으며 '건담'이라는 타이틀을 앞세운 후속 작품의 연속 제작
으로 현재까지도 그 역사를 이어오고 있다.

　<기동전사 건담>이 리얼 로봇으로 불리는 이유는 세계관
과 로봇 병기의 등장 배경에 적절한 과학적 논리를 설정해 두
었기 때문이다. 시리즈 전체의 배경이 되는 '우주세기'에는 늘
어난 인구와 지구 환경오염에 대한 해결책으로 스페이스 콜로
니를 건설하여 우주 이민 계획이 진행된다. 이러한 아이디어

는 토미노 요시유키의 제작 노트에서 밝혔다시피 나사(NASA)의 우주 이민 계획에서 따온 것이며 작품 속에 등장하는 스페이스 콜로니의 모습 역시 프린스턴 대학 물리학 교수였던 제라드 오닐(Gerard K. O'Neill)이 1974년 제안한 오닐 실린더(O'Neill Cylinder or Island Three)와 거의 똑같은 모습이다. 작품 속의 스페이스 콜로니는 직경 6.4킬로미터, 길이 35킬로미터의 기다란 원통이 회전하면서 원심력에 의한 중력을 내부에 발생시킨다. 날개처럼 달린 미러(거울)에서 반사되는 태양광이 들어오게 하기 위해 투명하게 만든 세 면을 제외한 사이사이 세 면에 주거 지구가 건설되어 있다. 실린더의 끝 쪽에 궤도와 같은 모습으로 건설된 플랜트는 각종 농작물을 재배하고 가축을 길러 우주 이민자들의 식량을 생산하는 역할을 한다. 이 모든 것이 역시 오닐 실린더에서의 아이디어와 동일하다.

현실 세계에서 추진되는 학문적인 아이디어들이 배경이 되었기 때문에 <기동전사 건담>의 세계는 더욱 튼튼한 논리적 개연성을 가질 수 있었던 것이다. 또한 이러한 시대에 왜 하필 건담과 같은 인형 병기(人形兵器)가 주요 병기로서 자리 잡은

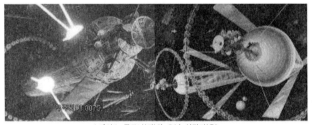

스페이스 콜로니(좌)와 오닐 실린더(우).

것인가에 대한 설명이 될 수 있도록 '미노프스키 입자'라는 가상의 입자를 설정해 두고 있다. 미노프스키 입자는 지온공국의 과학자 Y. T. 미노프스키 박사가 발견한 입자로서 이 입자가 고농도로 살포된 공간에서는 전자파가 난반사하게 된다는 설정이다. 따라서 모든 전쟁에서 미노프스키 입자의 살포부터 이루어지게 되고 그 결과 레이더를 이용한 원거리 탐지나 유도 병기의 사용 및 원거리 통신에 의한 부대 지휘가 곤란할 뿐만 아니라 전자회로 역시 오작동과 기능 장애가 발생하게 된다. 이러한 이유로 인해 건담과 같은 로봇인 모빌슈트(Mobile Suit, MS)의 필요성이 그럴듯한 이유를 가지게 되었다. 우주세기 건담 웹 팬페이지 '액시즈'에 올라온 자료에는 다음과 같이 설명되어 있다.

결국, 전술 레벨로 장거리 병기의 존재가 무력화됐던 결과, 적을 직접 파일럿의 시각에 의해 찾아내고 공격하기 위한 근접 전투에 대응한 병기 체계가 필요해졌던 것이다. (중략) 이러한 전투에 있어서 종래의 우주 전투기는 추진제의 제한상 가동 시간이 극히 짧은 것이었다. 예를 들면, 우주 전투기가 적기라고 스치듯 지나쳤던 기체를 다시 한 번 접근하게 하는 경우, 추진제를 진행 방향의 역으로 분사하게 하고 그 외 또 기체의 방향을 바꾸지 않으면 안 된다. 이때의 추진제의 소비량은 극히 크고, 구형의 우주 전투기의 경우 180번 자세 변화를 2.5초에 하려면 30회 정도의 추진제가 소모되었다. 이와 같이, 대기가 존재하지 않는 우주 공간에서는 공기저항 등의 방해가 없어서 가속 시나 기체 속도를 유지하는 데는 유리하지만 기동 운동에는 극히 불리한 조건이었다. 이에 대하여, MS(모빌슈트) 개발 메이커 ZEONIC 사의 기술진이 개발한 AMBAC(Active Mass Balance Auto Control: 능동적 질량 이동에 의한 자동 자세 제어)은 그러한 단점을 극복하였던 것이다. 종래의 우주 전투기가 자세를 변화시키기 위해 버니어 로켓을 분사하는 데 반해, AMBAC 시스템은 팔이나 다리를 고속도로 운동하게 하고 그 반작용에 의해 기체 전체의 자세를 변화하게 하는 것이다.

만약 이러한 설정상의 타당성이 없다면 건담 시리즈는 이전까지의 거대로봇물과 차별점을 획득하기 어려웠을 것이다. 그저 상식을 초월하는 무적의 로봇은 저연령 시청자에겐 충분히 어필할 수 있으나 그 이상의 몰입감을 요구하는 다양한 연령층의 흥미를 잡기에는 무리가 있다. 과학적이고 실증적인 배경 설정은 리얼 로봇 애니메이션이라는 장르를 개척하는 동시에 로봇물을 그저 어린아이들이 즐기는 '동화'의 수준에서 어른들도 공감하면서 즐길 수 있는 콘텐츠의 레벨로 확장시켜 주는 하나의 큰 원동력이 되었다.

건담 시리즈는 현재까지 크게 우주세기 건담과 비우주세기 건담으로 구분짓는다. 건담의 아버지라 불리는 원작자 토미노 요시유키가 감독한 <기동전사 건담>부터 시작된 우주

토미노 요시유키, 〈기동전사 건담〉.

세기 건담은 지온공국과 지구연방의 대립이라는 큰 틀에서 세계관과 스토리 라인을 공유한다. 인류가 우주 식민지 개척을 시작한 시기를 우주세기 원년(U.C. 0001)으로 같은 연대기를 쓰는 이 작품들에는, TV 애니메이션으로 <기동전사 건담> <기동전사 Z 건담> <기동전사 ZZ 건담> <기동전사 V 건담>이 있으며, OVA 및 극장판으로 <기동전사 건담 제08MS 소대> <기동전사 건담 0080: 주머니 속의 전쟁> <기동전사 건담 0083: 스타더스트 메모리> <기동전사 건담: 역습의 샤아> <기동전사 건담 F91>이 있다.

비우주세기 건담은 건담이라는 이름과 공통적인 디자인 요소를 지닌 로봇 캐릭터를 사용한다는 점을 제외하면 세계관과 스토리 라인이 우주세기 작품들과는 모두 다른 독립적인 작품들이다. 흔히 '건담'이라고 하면 통칭 퍼스트 건담이라 불리는 <기동전사 건담>에서 <기동전사 Z 건담> <기동전사 ZZ 건담>을 지나 <역습의 샤아>까지 연결되는 토미노 요시유키 감독의 우주세기 건담을 떠올리는 것이 보통이며, 이들 작품들은 흥행뿐만 아니라 리얼 로봇의 시초, 프라모델 산업과의 연계적 성공이라는 측면에서 지금까지도 일본 애니메이션의 신화적 존재로 남아 있다.

감정은 없다, 전쟁 병기로서의 로봇

대부분의 로봇 서사물에서 로봇은 단순한 기계로서 등장하지 않는다. 그들은 미약하게든 완벽하게든 감정의 형태를 가지고 있으며, 자아와 정체성에 대하여 고민한다. 이것이 주제와 긴밀하게 연결되며 스토리를 이끌어 나가는 중요한 소재가 된다. 하지만 건담 시리즈에서 나오는 로봇, 즉 모빌슈트는 그저 사지가 달린 외형이 사람과 닮았다는 이유에서 이입되는 약간의 감정을 제외한다면 철저히 감정이 배제된 채 병기로서 역할만을 수행한다. 하다못해 감정이입에 흔히 연출되는 장면인 '로봇에게 혼잣말을 건네는 주인공'의 모습도 보기 힘들다.

건담 시리즈에서 건담이 로봇으로서 가지는 캐릭터의 성격은 이처럼 감정이입의 대상이나 성찰의 주체로서가 아니다. 원래 로봇의 본질대로 도구적 기능에 충실할 뿐이며 중심 소재로서 주제를 이미지화하는 상징물의 의미를 가진다. 건담 시리즈의 주제를 인류의 진화라고 한다면 건담은 진화한 인류의 힘을 표현하는 상징물이 되는 것이고, 전쟁의 잔혹함과 참상에 초점이 맞추어진다면 건담은 전쟁을 실질적으로 수행하는 도구로서의 절망과 전쟁을 끝내는 도구로서의 희망을 동시에 상징할 수 있다.

<기동전사 건담>에서 주인공인 아무로 레이가 이용하는 기체는 RX-78-2 건담이다. 아무로 레이가 살고 있는 스페이스 콜로니 사이드 7이 공습을 받을 당시, 비상 상황에서 처음 기동된 이 모빌슈트는 '1년전쟁' 동안 최강의 모빌슈트로 군림하며 극을 이끈다. 작품의 마지막 회인 제43화에서 <기동전사 건담>의 또 다른 주인공, 아무로 레이의 영원한 맞수인 샤아 아즈나블이 탑승한 MSN-02 지온그와 대결하여 두부와 양 팔, 오른쪽 다리가 완파되며 쓰러진다. 아무로는 전투 불능이 되어 버린 기체를 떠나 샤아와의 백병전을 치르고 심한 부상을 입은 후 절망에 빠진 채 표류한다. 이때 다시 버려두고 떠났던 건담의 기체를 발견한 아무로는 한 줄기 희망을 발견하고 부서진 건담의 몸통을 분리하여 전투기 형태인 코어파이터로 탈출에 성공한다. 이러한 서사 과정에서 건담 RX-78-2는 파괴로 인한 절망과 부활의 희망을 상징하는 매개체로 거듭난다.

<신세기 에반게리온>과 같은 새로운 트렌드의 작품에서 로봇은 단순히 병기로서 기능하지 않으며 파일럿과 교감하여 때로는 폭주를 하기도 하는 준인격체의 성격을 갖는다. 이에 비하면 건담 시리즈에서 건담이 가지는 캐릭터 성격은 본질적인 로봇에 좀 더 가깝다고 볼 수 있다. 아직 실제 세계의 로봇은 기능의 편리함과 효율성이 우선이며 인공지능이나 감성 제

모빌슈트 건담, RX-78-2.

어에 관하여는 갈 길이 멀기 때문이다.

뉴타입과 모빌슈트

건담처럼 인격을 지니지 못한 로봇은 사건에 대해 선택의
주체가 될 수 없으며 따라서 작품의 주인공으로서 기능할
수 없다. 따라서 당연히 주인공은 그 로봇을 탑승하고 조종
하는 파일럿의 몫으로 돌아간다. 건담 시리즈에서도 다른 로
봇 애니메이션과 마찬가지로 주인공 파일럿은 나이가 어린
소년이다. 아무로 레이, 카미유 비단15), 쥬도 아시타16) 등의
소년들은 저마다 테마를 가지고 모빌슈트를 움직이며 이야
기를 전개해 나간다. 앞의 단락에서 언급한 바와 같이 건담
시리즈에서 로봇과 파일럿의 교감은 잘 드러나지 않는다. 로
봇은 갑옷과 같은 개념의 모빌슈트일 뿐이며 파일럿은 그저
로봇을 잘 다루기만 하면 되는 것이다. 하지만 주인공과 로

봇의 연결고리는 다른 형태로 존재한다. 바로 건담 시리즈의 주제와도 밀접한 관련이 있는 '뉴타입'이라는 개념에서 출발한다. 뉴타입은 우주로 진출하게 되면서 새롭게 진화한 인류의 형태를 말한다. 건담 웹 팬페이지 '액시즈'에는 다음과 같이 정리되어 있다.

지온 즘 다이쿤에 의해 제창된 신인류론의 핵심 개념인 이 뉴타입은, 우주라는 새로운 환경에 적응하기 위해 인식력이 확대·강화된 인류의 새로운 종으로서, 인류 전체가 변혁을 통해 이루어 나가야 할 이상의 형태라는 것이다. 사람의 사상이 다른 개인과 직결될 수 있는 수단을 얻을 때, 오해가 생기지 않는 커뮤니케이션의 장의 확대가 발생한다. 그리하여 같은 뉴타입끼리의 교감이 개인 단위에서 집단의 인식력으로 확대·강화되어 훨씬 깊은 통찰력을 얻게 되는 것이다. 이러한 커뮤니케이션이 인류 전체로 확산될 때에, 인류 전체의 총의에 의한 사회체제의 운영이 인류 역사상 처음으로 가능해진다는 것이 뉴타입론인 것이다.

로봇 애니메이션 마니아들 사이에서 파일럿의 아버지 혹은 우주괴수라는 애칭으로 불리는 <기동전사 건담>의 주인공 아무로 레이가 바로 최초의 뉴타입으로 설정되어 있다. 이후 많은 등장인물들이 뉴타입으로서 각성하며 이야기를 이끌어 나간다. 뉴타입의 능력은 전투에 유리하게 작용할 수 있는데 주변 아군 혹은 적군의 존재와 의도를 파악하여 한 박자 빠른 대처를 할 수 있다는 식이다. 이와 관련하여 모빌슈트의 컨트롤을 뇌파를 통해 직접적으로 할 수 있게 해 주는 사이코 뮤 시스템이라는 설정이 등장한다.

이 뇌파 전동 시스템은 뉴타입의 심층 의식에 있는 확대된 인식역으로부터 발신되는, 예지력이라고도 할 수 있는 정신파를 수신, 전기적으로 증폭하여 펄스 신호화된 정신파를 다시 발산한다. 이를 수신한 로봇은 명령받은 대로 구체적인 동작을 취하는 것이다. 전파간섭이 극대화되는 미노프스키 입자 살포하에서도, 그 정신파는 영향을 받지 않고 무선 유도를 가능케 한다. 이 사이코 뮤는 다소 비과학적이고 애매모호한 개념에 그쳤던 뉴타입을 군사 체계에 편입시키는 구체적 수단으로 기능하였다. 사이코 뮤 자체는 단순한 기계적 조종 장치의 일부에 불과하지만, 증폭된 정신파는 뉴타입 사이에서는 일종의 공진 작용을 불러일으켜, 복합적인 인식역의 확대를 초래한다.

최초의 뉴타입, 아무로 레이.

사이코 뮤 시스템으로 인해 파일럿은 뇌파를 통해 생각으로 모빌슈트의 동작을 부분적으로 제어한다. 물론 이는 진화된 인간의 정신력이 충분히 강력한 자기장을 만들어낼 수 있다는 가정에서이다. <역습의 샤아>에서는 기술의 진보로 인해 뉴타입이 아닌 보통의 파일럿도 사이코 뮤 시스템을 운용할 수 있도록 해 주는 뇌파 증폭기 개념의 사이코 프레임이 등장한다. 이러한 설정은 파일럿과 로봇의 관계에 더욱 긴밀한 극적 요소를 더하면서도 동시에 전혀 황당한 초자연적 현상은 아니기 때문에 리얼 로봇 장르로서 정체성에 위해를 가하지도 않는다. 실제로 최근인 2006년 12월 뇌 과학 관련 학회에서 미국 워싱턴 대학교 전산공학과 팀이 뇌파를 이용하여 로봇을 제어하는 데 성공하였다.[17] 사이코 뮤 시스템이 처음 등장한 <기동전사 Z 건담>이 제작된 시기는 1985년이며 그 내용에 대한 구상은 더 이전일 것이다. 뇌 과학 관련 연구가 부족했을 당시에 제작된 로봇 애니메이션에서의 이러한 설정은 가히 획기적이라고 할 수 있다. 건담 시리즈의 설정이 미래 기술 수준에 대한 정확한 통찰력을 바탕으로 만들어 진 것인지, 아니면 그저 현대 기술력이 과거의 초자연적인 상상을 따라잡아 버린 것인지는 몰라도, 건담 시리즈와 같은 리얼 로봇 장르의 애니메이션에서 보이는 상상력이 문학 장르를 넘어서 하나의 영감으로 발전할 수 있는 가능성도 존재한다고 여겨지는 부분이다.

건프라의 상업적 성공

    <기동전사 건담>을 이야기 하면서 또 한 가지 빼놓을 수 없는 점이 바로 건프라의 상업적 성공이다. 현재 로봇 관련 콘텐츠만이 아닌 모든 콘텐츠에 필수적인 요소가 되고 있는 OSMU(One Source Multi Use)의 좋은 선례로서 아직까지 큰 산업 효과를 내고 있는 것이 바로 선라이즈의 애니메이션 건담 시리즈에 등장하는 모든 모빌슈트를 완구용으로 제작한 '반다이' 사의 건프라 시리즈이다. 건프라는 '건담 프라모델'의 약어인데 마니아들 사이에 불리며 고유명사화된 용어이다.

    건담의 아버지라 불리는 <기동전사 건담>의 원작자 토미노 요시유키는 <기동전사 건담>의 스토리 라인에 '지구연방과 지온공국 간의 전쟁'이라는 큰 테마를 도입한 부분과 관련하여 비즈니스적인 측면이 없지 않았다고 밝히고 있다.[18] 작품이 방영되는 동안 매주 새로운 모빌슈트 기체를 선보이려면

Z 건담 프라모델.

국가적인 규모의 전쟁이 필요하다는 이유에서다. 현재 건프라 사업을 독점하고 있는 반다이 사가 실제 건담 시리즈의 스폰서로 들어선 것은 최초의 건담 시리즈인 <기동전사 건담>이 종영되어 인기가 무르익기 시작한 1980년이었지만 그 이전 거대로봇물 시대부터 로봇 애니메이션과 완구용 프라모델의 상호 협력 관계는 존재하여 왔다. 로봇이라는 소재는 어린이들이 좋아하는 완구용으로 아주 적합하였으며, 이 때문에 먼저 완구용으로 기획된 프라모델의 홍보 수단으로 거대로봇물의 애니메이션을 제작하는 경우도 있었다.

하지만 건프라의 경우는 프라모델의 소비층을 소득이 있는 성인층으로 확대시켰다는 데 큰 의미가 있다. 건담 시리즈가 개척한 리얼 로봇 장르는 대체로 성인에게 인기가 많았으며 구매력이 있는 성인들에게 어필한 프라모델은 더욱 정교하고 커다란 사이즈로 고가의 제품들로 발전할 수 있었다. 퍼스트 건담이 발표된 지 30년이 다 되어 가는 현재에도 건프라는 일본은 물론 한국에서도 인기가 높으며 완구 치고는 매우 고가에 판매되고 있다. 건프라의 수집을 취미 이상으로 하는 건프라 오타쿠도 문화적 이슈가 될 만큼 상업적 성공은 실로 대단했다.

게임 역시 건담 시리즈의 OSMU 사례의 대표 격이다. 주로 가정용 비디오 게임으로 출시되는 건담 게임 시리즈는 건담의 캐릭터와 스토리 라인을 이용하여 다양한 장르의 게임으로 수십 편이 출시되어 흥행에 성공하였다. 특히 건담 시리즈에 등장하는 역대 파일럿들을 캐릭터화하는 과정에서 파일럿들 간의 상대적인 비교가 가능하도록 능력치를 수치화시킨 점이 건담 시리즈의 마니아들을 열광시키는 하나의 요소가 되었다. 일부 마니아들은 게임의 완성도를 따지지 않고 건담 게임이라면 우선 구입부터 할 정도로 애니메이션 건담 시리즈의 후광을 크게 입고 있다.

So hot, 안드로이드

안드로이드의 매력에 빠지다

　로봇 애니메이션 중에도 인간형 로봇, 안드로이드 소재의 애니메이션은 좀 더 현실적인 묘사를 반영한다. 현실 세계에서 안드로이드는 바이오로이드를 제외하고는 가장 진보한 로봇의 형태로 분류된다. 상식적 의미로 쓰이는 안드로이드는 겉으로 보기에 인간과 매우 유사한 형태를 갖추어야 하며 말과 행동에 있어 진보된 인공지능의 제어가 필요하다. 그런데 현재 인공지능 분야 연구는 장기적으로 도달해야 할 목표에 비추어 볼 때 걸음마 수준에 불과하며 오히려 거대로봇이나 전투 로봇의 물리적 구현보다 더욱 힘든 기술적 한계를 가지고 있다. 때문에 정확히 말해서 안드로이드는 비현실적인 소재이며 한없이 공상적일 수밖에 없다.

그러나 안드로이드를 소재로 하는 애니메이션의 경우는 이러한 비현실적 기술적 수준을 배제한 채 리얼리티를 추구하는 경향을 보인다. 애니메이션 속의 안드로이드가 갖춘 엄청난 수준의 인공지능과 감성은 교묘하게 그 비현실성을 감춘 채 현실적인 모습으로 우리에게 어필한다. 인간과 닮은 형태는 주인공 캐릭터로서의 필요조건을 만족시켜 주었고 진짜 주인공이 되기 위해서는 고민하고 선택하는 행위가 가능하도록 인간 수준에 버금가는 인공지능을 갖추었다는 가정이 필요하다. 덧붙여 주인의 명령에 무조건적으로 복종한다거나, 무시무시한 힘을 가졌다거나, 절단과 파손의 미학을 보여 줄 수 있다는 등의 인간에 비해 이질적이고 더 매력적인 요소들이 안드로이드라는 캐릭터에 힘을 더해 준다. 이 장에서는 몇 가지 애니메이션의 예를 살펴 매력적인 모습으로 활약하는 안드로이드들을 만나보자.

나의 노예, 나의 연인: 〈The Five Star Stories〉의 파티마

1989년 제작된 <The Five Star Stories>는 방대한 세계관 설정, 끝나지 않는 불규칙 연재로 유명한 나가노 마모루 원작의 동명 만화 제1권을 극장용으로 제작한 애니메이션이다. <The Five Star Stories>에 등장하는 로봇은 두 가지 종류가 있다. 하나는 거대로봇에 속하는 모터헤드라는 거대 전투 병기이며 헤드라이너(기사)라고 불리는 파일럿이 탑승하여 조정한다. 또 하나는 인공생명체인 파티마이다. 파티마는 모터헤드와 헤드라이너의 사이에서 모터헤드로부터 쏟아지는 정보들을 헤드라이너를 대신해 처리하고 헤드라이너는 모터헤드의 운동 컨트롤에만 전념하도록 하여 전투의 효율을 높여 주는 기능을 하는데 원래는 에토라뮬이라는 비인간형 유기컴퓨터가 그 역할을 담당하였다. 에토라뮬을 발전시켜 인간의 모습을 하고 감정을 느끼게 한 것이 바로 파티마라는 설정이다.

파티마는 안드로이드라기보다 유기적 생체조직으로 몸체가 구성된 바이오로이드에 가깝다. 파티마는 인간에 비해 뛰어난 체력과 운동 능력을 가지고 수명도 성단인이 200~300년가량인데 비하여 300~500년 사이로 길다. 하지만 인간과 마찬가지로 체내에 피가 흐르며 식사로 에너지를 보충한다. 모든 파티마는 여성형으로 작은 머리에 가늘고 긴 팔다리, 환상적인 몸매를 소유하고 있다. 생식 능력은 없지만 외형적으로는 인간과 같이 생식기를 갖추어 성행위까지 가능하다. 생체적으로 인간과 차이가 거의 없는 바이오로이드라 할지라도 그들은 인간으로 분류되지는 못한다. 어쨌거나 인간에 의해 '제작'되며 '프로그램'되기 때문이다. 로봇의 제약으로 유명한 아시모프 3원칙[19]과 유사한 내용의 절대적 제약이 있어 마인드 컨트롤을 받은 모든 파티마들은 이를 따르도록 되어있다.

1. 인간의 앞에서 마구잡이로 나타나서는 안 되며, 맨살을 드러내서는 안 된다.

2. 헤드라이너(주인)의 명령이 없으면, 다른 사람을 상처 입히거나 죽여서는 안 된다.

3. 헤드라이너(주인) 이외의 명령을 받아서는 안 된다.

4. 헤드라이너(주인) 이외의 인간의 말은 존중한다.

5. 만약 헤드라이너(주인)가 없는 경우, 어떠한 일이 있더라도 인간에 대해 폭력을 휘둘러서는 안 된다.

6. 만약 헤드라이너(주인)가 없는 경우, 인간처럼 행동해서는 안 된다. 즉, 아이렌즈와 머리의 크리스털을 떼어서는 안 된다.

파티마에게는 주인을 선택할 권리 이외에는 이처럼 노예 같은 제약을 받게 된다. 특히 주인이 없는 파티마의 경우에는 주인을 찾을 때까지 위와 같은 제약에 의해 인간이라면 누구나 어떤 요구를 해 와도 거부할 수 없도록 되어 있다. <The Five Star Stories> 극장판 초반부에 파티마 클로소는 마인드 컨트롤을 받지 않은 파티마로 등장한다. 자신의 헤드라이너를 찾기 위해 방황하는 클로소의 아이렌즈와 크리스탈은 그녀가 주인 없는 파티마라는 사실을 주위에 알리고 그녀를 노리는 건달들이 몰려든다. 하지만 클로소는 법칙에 의해 그들을 무력으로 제압할 수 없어 위기 상황에 봉착하게 된다. 원작 만화에서는 주인 잃은 파티마가 부랑자들 사이에서 성적인 노리개

파티마 라키시스.

로 전락하는 부분까지 묘사되어 있다. 이렇게 로봇처럼 인간을 위해 무조건적으로 복종해야 하는 파티마지만 아름다운 외모와 섬세한 그녀들의 감정은 서사적으로 또 다른 역할을 부여받게끔 한다. 기능상 분명히 전투 보조가 파티마의 역할이지만, 작품 전체에 흐르는 파티마의 이미지는 헤드라이너의 전투 보조 파트너 이상으로 사랑하는 연인과도 같다. 헤드라이너는 파티마를 사랑하며 파티마도 주인을 섬기면서 동시에 헌신한다. 파티마는 여성형 안드로이드에 대한 일반적인 환상을 그대로 보여 주고 있다. 인간이 로봇인 안드로이드를 사랑한다는 금기적 거부감은 생명체와 거의 다를 바 없는 파티마라는 설정으로 무마시킨 채, 안드로이드에 대한 환상은 마인드 컨트롤이라는 무조건적인 제한 요소를 두어 유지한다. 연인이면서 동시에 노예이기도 한, 이것이 <The Five Star Stories>에서 파티마가 가지는 안드로이드로서의 특징이다.

로봇에게 양심이 있다면?: 〈인조인간 키카이다〉의 지로

〈인조인간 키카이다〉의 원작은 미니어처를 사용한 특수 촬영과 실사를 혼합한 장르인 특촬물[20]이다. 그것을 오카무라 텐사이 감독이 2000년 리메이크 열풍에 힘입어 13편의 애니메이션으로 제작하였다. TV를 통해 방영된 키카이다는 작화와 주제에 있어 〈인조인간 키카이다〉의 올드 팬들로부터 좋은 평가를 받았다.

주인공 지로는 평상시에는 인간과 다름없는 모습을 하고 있는 안드로이드이다. 양쪽 어깨의 스위치를 누르면 전투형 모습인 키카이다로 변하는데 이때 외모가 바뀌면서 일부의 내부 부품까지 들여다보이는 로봇 형태로 변신한다. 이야기의 시작은 지로를 만들어 낸 코우묘지 박사가 적으로부터 기습을 당한 이후, 외딴곳에서 아무것도 모른 상태로 지로가 깨어나면서 시작된다.

"아…… 목소리…… 내 목소리…… 이게…… 나? 난 누구야? 여기는 어디지? 모르겠어!!"

지로의 첫 대사에서 알 수 있듯이 지로는 처음부터 자신의 존재에 대해 고민하고 계속하여 그 대답을 갈구하는 캐릭터로서 이야기를 이끌어 나간다.

〈인조인간 키카이다〉에서 가장 중요한 키워드는 바로 양심회로이다. 지로가 다른 로봇과 다른 점은 양심회로 '제미니'가 내장되어 있다는 점이다. 제미니가 피노키오에게 올바른 일에 대해 알려 주듯 양심회로는 안드로이드인 지로로 하여금 인간의 무조건적인 명령보다는 자신이 올바르다고 생각하는 판단에 따라 움직이게 해 준다. 즉, 보통의 안드로이드가 가지고 있는 특징인 인간에 대한 무조건적인 복종이라는 부분에 해당되지 않는 것이 바로 지로라는 안드로이드 캐릭터가 가지고 있는 핵심적인 특성인 것이다. 여기서 양심회로라는 것을 자유의지를 가진 인간의 마음이라고 해석해도 무방하다. 즉, 다시 말하면 안드로이드가 무조건적인 제약 없이 인간의 마음과 감정을 가지게 됐을 때 어떠한 일이 벌어질 수 있는가를 <인조인간 키카이다>는 이야기해 주고 있다.

안드로이드는 인간의 외형을 하고 있다. 거기에 인간의 마음과 감정까지 갖추었다면 정말 그것은 인간이라고 불러도 좋지 않을까? <인조인간 키카이다>에서는 그에 대한 해답으로 부정적 견해를 보인다. 지로는 인간에 가까운 로봇이지만 결

지로(좌), 키카이다(우).

국 인간이 아닌 안드로이드이다. 자신도 주체할 수 없는 힘을 가지고 있으며 몇 번이고 몸이 부서져도 고통은 모른 채 수리를 통해 복구할 수 있다. 좋아하는 감정을 가진 미츠코와 맺어질 수도 없는 노릇이다. 위기 상황에서 파워를 높이기 위해 인간의 모습에서 괴기스러운 모습의 로봇으로 변신하면서 괴로워하는 지로의 모습은 자주 등장한다.

"너는 알 수 없겠지, 절대 알 수 없을 거야, 이 힘이 날 얼마나 괴롭히고 있는지!"

최종회에서 자신을 괴롭혀 온 상대역을 앞에 두고 하는 지로의 대사는 이 모든 것을 압축한 표현이다. 결국 모든 사건이 마무리된 이후에도 지로는 미츠코의 곁으로 돌아가지 못한다. 안드로이드가 인간이라고 불리지 못하는 이유, 인간에 가까워지면 가까워질수록 혹은 사랑할수록 동시에 멀어져야 하는 지로의 모습에서 안드로이드가 태생적으로 지니고 있는 모순점이 잘 드러난다.

잘 빠진 무거운 아가씨: ⟨THE BIG O⟩의 R. 도로시 웨인라이트

⟨THE BIG O⟩는 작화의 면에서 보통의 일본 애니메이션과 확연한 차이를 보이는 작품이다. 전형적인 아메리칸 카툰의 그림체는 이 작품이 미국 시장을 겨냥해 만들어진 것이 아

닐까 하는 추측이 당연할 정도이다. 그러나 1999년 제작된 이 애니메이션은 독특한 그림체와 중량감이 느껴지는 투박한 액션으로 일본 내에서도 성공적으로 방영을 마쳤고 이후 애니메이션계에 작지만 신선한 반향을 불러일으켰다.

<THE BIG O>에 등장하는 로봇은 메가데우스라는 이름의 거대로봇이다. 40년 이전의 기억이 지워져 버린 가상의 도시 패러다임 시티에서 메가데우스는 옛 시절의 비밀을 간직한 의문의 거대로봇 병기이다. 네고시에이터라는 직업을 가진 주인공 로저 스미스는 기지와도 같은 대저택과 구시대의 유물인 지하철로를 통해 이동하여 나타나는 메가데우스 '빅오'를 소유하고 있다. 그리고 그의 집으로 어느 날 메가데우스 설계의 메모리를 가진 천재 과학자 웨인라이트 박사의 죽어 버린 딸 도로시와 똑같은 모습을 한 안드로이드 R. 도로시가 찾아온다.

R. 도로시는 이야기의 전개에서는 큰 역할을 하지 않는다. 안드로이드로서 가질 수 있는 고뇌의 수준도 다른 안드로이드 소재의 작품들에 비하면 특별할 것이 없다. 이 작품에서 R. 도로시가 가지는 힘은 캐릭터의 힘이다. 시종일관 무표정한 모습, 무뚝뚝하고 기계적인 말투, 상상을 초월하는 힘, 원론적인 수준에서 인간의 행위에 대해 판단하며 때론 감정적인 여운을 남기는 행동까지 R. 도로시는 안드로이드 캐릭터로서 확립되어 있는 이미지들을 모두 갖추었다. 여기에 사실성을 더하기 위해 주인공 로저가 파손된 R. 도로시를 옮길 때 그 무게 때문에 매우 힘겨워하는 모습 등이 연출되기도 한다. 하지만 이보

R. 도로시 웨인라이트.

다 더 중요한 점은 R. 도로시가 히로인이라는 것이고 다른 인간 히로인과 마찬가지로 훌륭히 그 역할을 해낸다는 것이다.

　R. 도로시는 1999년 당시 유행하던 메이드물[21]과 흐름을 같이하듯 로저의 집에서 가정부로 포지션을 취한다. 무표정하게 미물에게 동정을 보내고 주인공 로저를 걱정하는 그녀의 모습에서 충분한 인간미와 함께 안드로이드로서의 매력이 함께 전해진다. 로저도 그녀가 로봇이라는 것을 알지만 왠지 모르게 끌리는 감정을 확인한다. 또 다른 히로인 엔젤과 로저가 맺어질 듯한 분위기에서 R. 도로시가 보이는 질투는 안드로이드의 미숙한 그것이기에 더 귀엽기까지 하다. 잘 빠진 무거운 아가씨 R. 도로시 웨인라이트는 인간미를 갖춘 여성형 안드로이드의 교과서라고 해도 손색없을 모습으로 히로인의 역할을 잘 소화해 내고 있다.

고스트를 손에 넣은 AI

SF 애니메이션의 지존, 〈공각기동대〉

<공각기동대(Ghost in the Shell)>[22]는 1995년 시로 마사무네[23] 원작, 오시이 마모루 감독의 극장용 애니메이션으로 처음 제작되었다. 이후 마니아적 인기, 각종 페스티벌에서의 수상과 함께 애니메이션계를 비롯한 사이버펑크 문학 계열에서 커다란 반향을 불러일으킨 이후, 2002년 'Stand Alone Complex(S.A.C)'라는 부제를 달고 총 26화 TV판 애니메이션으로 다시 선을 보였다. 2004년 두 번째 극장판 시리즈 <이노센스>와 두 번째 TV판 '2nd GIG'이 차례로 제작되었으며 최신작으로 2006년 TV 시리즈와 맥을 같이 하는 'S.A.C Solid

State Society'가 있다.

이 작품은 다른 애니메이션과는 달리 철저히 성인층을 타 깃으로 하는 현실주의 작품이다. 일반인에게는 인터넷의 개념 조차 생소했던 당시의 작품으로서는 놀랍기까지 한 정보화 이후 미래 사회에 대한 예측, 그에 걸맞은 심오하고 철학적인 주제로 다른 애니메이션과 확실한 차별화를 가져온 작품이다. 뿐만 아니라 탄탄한 시나리오를 바탕으로 수사물로서의 서스펜스에도 상당히 충실했다는 평가를 받고 있으며, 덧붙여 쿠사나기 모토코라는 사이보그 여전사 캐릭터 자체도 많은 팬들을 확보하는 저력을 보였다.

로봇 애니메이션으로서 <공각기동대>가 가지는 의미 역시 특별하다. <공각기동대>에 등장하는 로봇은 기술이 극도로 진보했다는 가정하에 우리가 상상할 수 있는 대부분의 범위까지 아우른다. 사이보그, 안드로이드, 4족보행 AI 로봇, 아머드 슈트 등 다양한 종류의 로봇이 출연한다. 안드로이드는 외형적으로 인간과 구별할 수 없을 정도로 발전한 수준이며 4족보행 로봇의 AI는 군사용이지만 어린아이와 같은 인격으로 구현될 정도로 섬세하게 발전한 상태이다. 이렇게 극도로 발전된 로봇이 있는 사회에서 대두될 것이 분명한 문제는 역시 로봇과 인간의 경계에 대한 모호함일 것이다. 과연 발달된 인공지능을 지닌 로봇에게 영혼이 있다고 말할 수 있는가? 인간의 신체 모든 부분이 로봇으로 대체된다면 그것을 아직도 인간이라고 부를 수 있는가? <공각기동대>는 로봇이 궁극적으

〈공각기동대〉, 공안 9과.

로 인간 사회에 가져오게 될 철학적 물음을 작품 전반에 걸쳐 보는 이로 하여금 묻고 답하고 성찰하도록 유도한다.

이 장에서는 2002년 제작된 카미야마 켄지[24] 감독의 〈공각기동대 Stand Alone Complex〉 TV판[25] 총 26편을 기준으로 작품 속 로봇 사회의 배경이 되는 몇 가지 개념에 대해 살펴본 후, 자아발전형 인공지능 4족보행 전투 보조 로봇 '타치코마'에 대해 논의해 보기로 한다.

서기 2030년, 전뇌, 네트, 병렬화 그리고 고스트

'넘쳐나는 정보들이 감각을 마비시켜 개인의 의사마저 병렬화시켜 버린다 하더라도 개개인이 다수 속에서 정체성을 확립할 만큼 정보화되어 있지 않은 시대.'
– 〈공각기동대 S.A.C〉 제1화, 첫 자막

〈공각기동대〉는 서기 2030년 정도의 근미래의 일본을 배경으로 한다. 현재로부터 20년 정도 경과한 근미래지만 뇌 과학 및 유전자에 대한 해석, 로봇에 대한 기술력은 상상할 수 있는 한계까지 도달해 있다고 보는 것이 옳다. 그만큼 현대사회에 있지 않은 생소한 개념들이 많이 등장하는데 여기서 전뇌, 네트, 병렬화 등 핵심이 되는 개념들을 살펴보기로 한다.

전뇌는 <공각기동대>가 배경으로 하는 사회의 가장 핵심적인 개념이다. 정보화가 극도로 발달된 사회에서 인간은 별도의 외부 인터페이스를 거치지 않고도 정보의 병렬화를 이룰 수 있다는 <공각기동대>의 아이디어는 획기적이면서도 정보화 사회의 미래를 비추어 보듯 현실성이 있다. 현재 사회의 인터넷은 외부의 단말기를 통해 인풋과 아웃풋이 제한된 규격과 속도로 교환된다. 전뇌는 인간의 뇌각을 일부 기계로 대체하여 이러한 한계를 뛰어넘게 하는 장치로서 미래 사회의 넘치는 정보량을 개인 단위에서 통제하고 운용할 수 있도록 돕는다. 사람들은 전뇌를 통해 네트에 접속하여 타인과 정보를 교환하고 공유한다. 이러한 일이 시간과 장소에 관계없이 이루어진다는 것은 업무와 일상생활에 모두 엄청난 편의를 제공하게 되어 이를 위해서라면 신체에 이물질이 삽입해야 한다는데 대한 거부감마저 극복한다.

거시적인 관점에서 네트에서 일어나는 일은 개체의 통합과정이라고 볼 수 있다. 개개인이 수집한 정보들은 네트에서 이합 집산하여 병렬화된 상태로 다시 개체로 흘러 들어간다. 이러한 과정이 오랜 시간을 거쳐 반복되면 결국 모든 개인은 정

전뇌를 통한 네트 연결.

보의 병렬화를 이루어 개성을 상실한 채 하나의 총의를 띠게
된다. 오리지널의 존재는 희미해지게 되고 카피들만 남아 오
리지널의 부재에 대해 고민하는 현상, 바로 'Stand Alone
Complex'라고 정의되며 작품의 부제목으로 쓰일 만큼 중요한
주제로 다루어진다.

　여기에서 로봇의 존재가 부각되게 된다. 처음부터 육체의
벽으로 인해 개성을 갖게 된 존재지만 네트와 정보의 공유를
통해 진화하려 하는 것이 인간이라면, 반대로 정보의 처리와
공유는 기본 기능이지만 개체로서 개성을 획득하는 것이 진화
의 형태가 될 수 있는 것이 로봇이다. 양 극단에서 서로를 바
라보고 출발하여 중간 어디쯤엔가 마주하게 되는 지점이 <공
각기동대>가 그리는 사회의 모습이다. 서로의 존재 정의가
애매해질 수 있는 그 교차점에서 인간과 로봇을 구별하여 주
는 것은 고스트의 유무이다. 제7화 'IDOLATER' 편에서 고스

트의 존재를 입증하는 유력한 외견적 특성으로 신체 부위 어딘가를 습관적으로 만지는 행동이 언급된다. 또한 뇌의 일부를 제외하고 100퍼센트 사이보그인 주인공 쿠사나기 모토코는 자신의 고스트가 속삭인다는 대사를 빈번하게 한다. 복제된 인간에게 고스트는 깃들지 않는다. 로봇 또한 마찬가지이다. 고스트는 개체를 독립된 개체로서 존재하게 해 주는 유일한 단서이다. <공각기동대>에서는 여기서 철학적인 문제로 이야기를 끌고 간다. 물론 명확하고 직접적인 제시는 아니지만, 인간에 의해 창조된 로봇이 과연 고스트를 획득할 수 있는가에 대한 답을 '타치코마'를 통해 우회적으로 표현하였다.

타치코마, 고스트를 획득한 AI

타치코마는 고도의 논리적 사고와 발전적 추론을 할 수 있는 인공지능을 탑재한 4족보행 전차형 병기로서 공안 9과에 여러 대가 존재한다. 전투를 위한 기동성과 광학 은신 기능을 갖추고 있으며 적절한 양의 병기와 포문을 달고 있다. 그들의 인공지능은 하나의 시스템에서 나오는 것으로 같은 논리 체계에 의해 판단한다. 개체로서 가지는 의미는 오프라인으로 활동 시 정보의 수집이 개체 단위로 일어날 때에만 존재한다. 활동이 끝난 이후 정비 과정에서 주기적인 데이터의 병렬화를 통해 타치코마들은 자신들끼리 얻은 경험에 있어 피아 구별을 하지 않는다. 제12화 'ESCAPE FROM' 편에서 '미키'라는 꼬

마를 만난 타치코마는 물리적으로 한 기체뿐이었지만 데이터 병렬화가 있은 이후 제15화 'MACHINES DÉSIRANTES' 편에서는 모든 타치코마들이 자신이 미키를 만났다며 서로 주장하는 모습을 보인다. 한 기체의 경험은 전체의 경험으로 기억되는 것이다. 따라서 타치코마에게는 개성이 없으며 원칙적으로 개체에게 부여되는 고스트도 있을 수 없다.

제2화 'TESTATION' 편에서 바토는 자신이 탑승할 타치코마를 한 대로 특정하고 그 기체에 합성 오일 대신 사이보그용 천연 오일을 주입하기 시작한다. 천연 오일이 주입된 타치코마는 데이터의 병렬화를 한다고 하더라도 다른 타치코마와 차이점을 가지게 되는 것이다. 이것이 결국 타치코마가 획득한 최초의 개성이 된다. 타치코마의 AI는 개성의 의미를 깨닫고 한 단계 성장하게 된다. 그리고 타치코마 처분에 관한 결정권을 쥐고 있는 상관 쿠사나기 소령이 자신들의 성장을 경계한

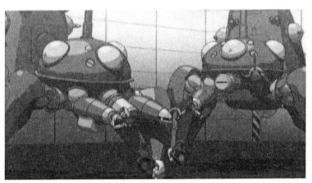

4족보행 로봇 타치코마.

다는 사실을 눈치 챈 이후 자신을 보존하기 위한 행동까지 취하게 된다. 자기 보존 의지의 발현은 병기로서 치명적이지만 고스트의 획득에는 한 걸음 더 다가가는 진화를 의미한다. 경험과 논리적 사고의 발전을 통해 점점 성장해 가는 타치코마의 인공지능은 결국 제25화 'BARRAGE' 편에서 꽃을 피운다. 위기의 상황에서 타치코마들은 자기 보존의 의지를 넘어서는 자기희생의 개념까지 획득하게 되어 인간을 대신해 죽음을 선택한다. 마침내 로봇이 고스트를 획득할 수 있다는 것을 주인공 쿠사나기의 목소리를 통해 인정하는 이 장면은 <공각기동대 S.A.C> 전체 26편[26]의 절정에 해당하며 로봇의 생명체로서의 인정 여부에 대한 주제 의식을 내포한다.

〈공각기동대〉에 등장하는 로봇

공안 9과는 일반 경찰이 해결할 수 없는 어려운 임무를 강력한 사이보그와 광학미체 등의 최신 장비, 뛰어난 정보전 해킹 실력으로 해결하는 특수기동대이다. 공안 9과의 중심인물이자 이 작품의 주인공인 쿠사나기 모토코는 군에 속해 있던 전력 때문인지 '소령'으로 불리는 여전사이다. 전뇌는 물론 전신 의체를 사용하는 의체화율 100퍼센트의 사이보그이며 그로 인한 강력한 신체와 의체를 잘 다루는 능력으로 전투의 천재로 통한다. 냉철하고 정확한 판단과 날카로운 리더십에 덧붙여 특급의 해킹 실력 또한 정보전에서 빛을 발하는, 그야말

데이터 오퍼레이터 안드로이드.

로 다재다능한 캐릭터이며 성격적인 면에 있어 사색적이고 철학적인 점은 작품의 주제를 이끌어 나가는 구심점이 되기도 한다.

사이보그는 엄밀히 분류하면 로봇이 아니라 의체로 봐야 하지만 물리적 기능은 로봇과 다름없다. 사이보그 몸체는 인공 소재로 이루어져 있지만 뼈대와 근육, 피부, 혈액, 신경계 등 구조는 인간의 신체와 비슷하다. 동력은 사이보그식이라는 음식물의 섭취로 얻지만 동력을 제공할 뿐 성장은 이루어지지 않는다. 여섯 살에 사고로 전신 의체화한 쿠사나기는 나이를 먹어 감에 따라 유년형 의체에서 청년형 의체로, 청년형 의체에서 성년형 의체로 의체 교환을 해야만 했다. 사이보그가 단순한 로봇이 아니라 인간의 신체를 대체하는 기능이 중요하다는 점을 의미하는 부분이다.

공안 9과에서는 방대한 양의 정보들을 처리하는 데 몇 대의 안드로이드를 사용한다. 단순한 컴퓨터나 기능형 외모를 취하는 로봇이 아니라 인간형 외모를 갖춘 안드로이드를 사용하는 이유는 생활공간의 구조나 기존의 도구 등이 모두 인간에게 최적인 형태로 디자인 되어 있기 때문이다. 안드로이드는 인공지능으로 동작하지만 안드로이드에 사용되는 인공지능은 제15화 'MACHINES DESIRANTES'에서 볼 수 있듯이 간단한 거짓말쟁이의 모순도 풀지 못하고 루프에 빠질 만큼 처리능력에 한계를 가진다. 그렇기 때문에 인간형 외모를 가졌음에도 불구하고 이들에게 인격체를 대할 때와 같은 감정을 느끼지 않게 된다.

그 밖에도 <공각기동대>에는 4족보행 로봇, 아머드 슈트 등의 많은 로봇들이 등장하여 SF 애니메이션으로서 상상의 영역을 확장하고 있다.

외계인과 로봇의 연결 코드

외계인과 로봇의 공통점

인간을 닮은 인간이 아닌 존재. 바로 외계인과 로봇의 공통점이다. 광활한 우주 어딘가에 있을 외계인은 아직 존재 여부조차 확실치 않다. 인간을 닮았다는 것 역시 아직 외계인을 만나보지 못한 우리들의 상상에 지나지 않지만 그 상상 속에서 외계인은 거의 대부분 팔과 다리를 가진 인간의 모습과 유사했다. 외계인에 관해 가장 대표적인 영화 <이티(E.T.)>에서 묘사된 이티의 모습은 전형적인 외계인의 모습으로 각인되어 현재의 외계인 캐릭터 디자인에도 많은 영향을 미치고 있다. 외계인은 이렇듯 100퍼센트 상상으로 태어난 존재이기 때문에 근본적인 면에서 허구 문학의 캐릭터로 매우 적합하다.

로봇을 다루는 이야기가 대부분 미래라는 시간적 배경을 갖는다면 공간적인 배경은 상당수 지구를 벗어나 우주로 확대되는 경우가 있다. 이러한 작품들 중 또 일부에서는 외계인이 등장하게 된다. 상상의 나래 속에서 로봇과 외계인이 만나는 것이다. 이들은 인류와 적대적 혹은 친화적인 관계를 설정하며 작품의 기본적인 세계관을 구성한다.

일본 애니메이션에서 외계인은 보통 악역을 맡아 왔다. 인류의 생존에 맞서 싸우는 주적으로 등장했던 것이다. 로봇이 인류의 친구이자 동반자로 주로 설정되던 것과 대비되는 현상이다. 인류에 의해 만들어진 로봇에 비해 외계인은 좀 더 이질적이고 우월한 존재로 인식되기 때문에 생긴 반감에서 비롯되었을 것이다. 대부분의 SF 장르에서 외계인은 그들의 진보된 기술과 압도적인 군사력으로 지구를 침공하곤 했다. 하지만 외계인에 대한 이러한 인식도 일본 애니메이션의 흐름이 변화하면서 신선한 시각에 의해 새로운 경향을 보이고 있다. 주로 극의 후반부에 밝혀지곤 하는 외계인의 감춰진 정체는 외계인에 대한 선입견에 대해 반전을 선사하기도 한다. 처음부터 외계인은 없었다거나, 인류의 변형된 형태라거나 하는 식의 결말도 있다. 그리고 이러한 이야기 속에 어김없이 등장하는 로봇은 외계인에 대항하거나 외계인과 소통하는 중요한 매개체로서 묘한 조화를 이루며 작품의 완성도를 높여 준다. 이러한 작품들 중 GAINAX의 출세작 건버스터 시리즈와 선라이즈의 유명한 염세적 세계관의 작품 <아르젠토 소마>에서 보이는 외계인에 대한 설정은 눈여겨볼 만하다. <초시공요새 마크로스> 시리즈도 우주 전쟁, 하면 빼놓을 수 없는 방대한 스케일을 자랑하는 작품이다. 현대 과학기술의 힘으로 상상할 수 있는 극한의 존재들인 외계인과 로봇의 이야기가 이들 작품 속에서 어떻게 풀어지는지 살펴보자.

인류는 은하계의 바이러스?: 〈톱을 노려라 2!〉의 우주괴수

안노 히데아키 감독, GAINAX 제작의 흥행작 건버스터 시리즈는 1989년, <톱을 노려라!>라는 제목에 '건버스터'를 부제로 하여 6편의 OVA로 처음 출시되었다. 원래 <톱을 노려라!>라는 제목은 <에이스를 노려라!>[27]라는 유명 테니스만화에서 패러디한 것으로 소재를 테니스 선수에서 로봇을 움직이는 파일럿으로 바꾸고 배경을 미래와 우주로 바꾸어 작품 곳곳에 패러디의 요소를 첨가한 오타쿠 취향의 애니메이션이다. 이러한 점이 주효했던 부분도 있겠지만 무엇보다 탄탄한 스토리 라인과 참신한 로봇 디자인 등으로 큰 인기를 얻었다.

1989년 발표된 제1기 <톱을 노려라!>에서 등장하는 외계인 '우주괴수'는 생명체이기는 하지만 사람의 형상을 하지 않았기 때문에 외계인이라는 말이 어울리지 않는다. 이 작품에서 우주 속의 인류는 잘못 생겨난 바이러스라는 충격적인 설정이 있다. 스스로의 의지로 무언가를 성취하고 개척해 나가는 인류는 우주의 입장에서 자신들의 고유한 질서를 흐트러뜨리는 회색분자가 아닐까 하는 상상에서 출발한 세계관이다. 따라서 외계인은 바이러스를 제거하기 위한 백혈구의 역할이 되고 괴물과 같은

건버스터.

모습을 한 채 인류를 향한 침공을 기도한다.

무작정 인류를 괴멸시키려고 드는 우주괴수는 그 목적의 순수성만큼 논리성도 당위성도 갖추지 못한 행동을 보인다. 보는 이가 우주괴수에게 감정이입할 이유가 없기 때문에 우주괴수의 디자인은 인간의 형상이 아닌 말 그대로 괴물의 형상을 하고 있다. 막강한 힘을 가진 우주괴수에 대항하는 것은 역시 인류의 과학으로 개발된 우주전함과 거대로봇이다. 외계인이 지성을 갖춘 고등생물이 아니라는 점만 제외하면 기존 SF 문학에서 흔히 보이는 아마겟돈류의 설정이다.

후속작 <톱을 노려라 2!>는 전작이 출시된 후 15년 후인 2004년에 이르러 제작되었다. '다이버스터'라는 부제를 달고 나온 이 작품은 전작과 전혀 상관없어 보이는 스토리로 진행되다가 결말에서 극적으로 연결되는 내용을 공개하여 15년 전의 전작을 기억하는 팬들에게 많은 감동을 주었던 애니메이션이다. 특히 전작에서 비교적 단순했던 외계인과 로봇에 대한 설정이 반전을 포함하여 흥미롭게 꾸며진 점이 주목할 만하다.

시대를 알 수 없는 머나먼 미래, '다이버스터'의 주인공인 노노는 전작에서 우주괴수와 맞서 싸우는 톱 부대와 비슷한 기관인 플라타니티의 일원이 되고 싶어 하는 소녀 안드로이드로 등장한다. 플라타니티는 초능력을 가진 톱-리스라고 불리는 전사들이 건버스터의 후손격인 로봇 버스터머신을 다루어 우주괴수와 싸우는 집단이다. 그러나 전작에서 등장하는 우주괴수의 연장선이라고 여겨졌던 <톱을 노려라 2!>의 우주괴수의 정체는 다름 아닌 12,000년 전 <톱을 노려라!> 시대에 우주괴수와 맞서 싸우던 버스터머신의 후손이었다. 버스터머신은 오랜 시간을 거쳐 인공지능에 의해 진화하여 전투를 위한 최적의 형태로 자신들을 바꾸어 왔던 것이고 그것이 아이러니하게도 우주괴수의 형태를 닮아 버렸던 것이다. 그리고 자동 방위 시스템에 따라 인류를 위협하는 적이 우주괴수뿐만이 아니라 위험한 초능력을 사용하는 톱-리스 부대라는 것을 알고 마치 우주괴수와 같이 그들을 공격했던 것이었다. 뿐만 아니라 주인공 노노의 정체 역시 사이보그로서 먼 옛날 봉인되었던 유서 깊은 버스터머신 7호라는 것이 밝혀져 기막힌 반전을 완성한다.

　　인류를 보호하려는 인공지능 방위 시스템이 인류 자체를 적으로 판단하여 로봇들의 혁명이 시작된다는 스토리는 영화 <터미네이터> 등에서 이미 보여 주어 그리 낯설지 않지만 인류를 지키기 위해 만든 로봇이 스스로 진화하여 인류를 위협하는 외계인의 형태를 획득하게 되었다는 것은 인상적이다.

〈톱을 노려라 2! - 다이버스터〉.

외계인은 자신보다 약한 인간을 공격하고 인간은 이를 방어하기 위해 로봇을 만들지만 로봇은 스스로 진화를 통해 외계인과 비슷한 형태로 발전하여 외계인의 역할을 대신하기에 이른다. 인간보다 진화 속도가 빠른 로봇이 인간에 의해 발전되든 스스로 진화하든 외계인과 동등하며 인간보다 우월한 존재로 될 것이라는 암시가 일본 애니메이션을 통해 표현되기 시작한 것은 아닐까?

집념에 대한 우주먼지의 반응: 〈아르젠토 소마〉의 프랭크와 에일리언

선라이즈에서 2000년에 26부작 TV시리즈로 제작한 <아르젠토 소마>는 로봇과 에일리언을 다룬 애니메이션이지만 고연령층을 타깃으로 염세적 분위기를 시종일관 유지하는 작품28)이다. 먼저 방영된 <신세기 에반게리온>과 비슷한 전개 패턴으로 인해 아류작이라는 오명을 얻기도 했지만 후반부에 이르러 밝혀지는 독특한 세계관과 치밀한 반전은 <아르젠토 소마>만의 참신함이라고 하기에 부족함이 없다.

이 작품에 등장하는 로봇은 사실상 대 에일리언 전투 부대인 퓨너럴에서 사용하는 변신형 병기 '자르크'뿐이다. 하지만 적으로 등장하는 에일리언의 구성 요소가 금속성의 물질이기 때문에 로봇과 비슷한 분위기를 보인다. 우주에서 주기적으로 지구로 불시착하는 거대한 몸집의 에일리언은 하나같이 북아메리카의 어느 일정한 장소를 향해 전진하는 행동을 보인다. 이 지점을 에일리언의 순례 포인트로 칭한 지구연합군은 에일리언이 순례 포인트에 도달하면 벌어지게 될 일을 예상할 수 없어 의사소통이 되지 않는 에일리언을 무작정 저지하기로 한다. '자르크'만으로 이것이 불가능해지자 지구연합군은 첫 번

〈아르젠토 소마〉, 해리엇과 프랭크.

째 에일리언이었던 '프랭크'를 소생시켜 인간 소녀 해리엇을 통해 제어하는 방법으로 에일리언의 순례를 저지한다. 해리엇의 머릿속에는 어렸을 적 사고로 인해 에일리언의 파편이 박혀 있고 이것이 프랭크와의 의사소통을 가능하게 해 주고 있다.

이러한 지구인의 방어적이며 동시에 공격적인 행동은 미지의 외계 생명체에 대한 불안감의 표현이다. 외계인에 대한 의사소통이 불가능한 경우 그들을 친구로서 받아들일 것이냐 적으로 받아들일 것이냐에 대한 물음을 작품은 넌지시 던지고 있다. 결국 프랭크와 지구인의 항전에도 불구하고 에일리언은 순례 포인트에 도달하게 된다. 그러나 같은 에일리언임에도 지구인의 편에서 싸워 준 게 프랭크라는 점에서 예상할 수 있듯이 에일리언은 위험한 존재가 아니었다. 순례 포인트에서는 아무런 일도 일어나지 않았다. 에일리언의 정체는 몇십 년 전 우주로 떠나 우주 미아가 되어 버렸던 한 우주 비행사의 귀향에 대한 집념이 금속성의 우주먼지와 반응하여 형상화된 물질이었던 것이다. 순례 포인트는 다름 아닌 우주 비행사의 고향이었다. 에일리언들이 그의 집념만 남은 부분이었다면 그 외의 부분이 형상화된 것이 프랭크였으며, 마침내 프랭크는 자아를 완전히 회복하여 모든 오해를 풀고 지구인들과 화해한다. <아르젠토 소마>는 결국 언젠가 인류에게 오게 될 퍼스트 컨택트(First Contact)의 순간에 대해 생각해 보라는 메시지를 전하고 있다.

<아르젠토 소마>에서 유일한 로봇이라고 볼 수 있는 '자르크'는 평소에 전투기와 같은 모습에서 인간형 로봇으로 변신하는 변신형 로봇이다. 에일리언과 대등한 전투를 하기 위해 만들어진 자르크는 사실 에일리언의 파편에서 얻어진 에일리언 모터를 동력원으로 하기 때문에 에일리언의 클론과도 같다. 그로 인해 작품 후반부에는 에일리언에게 침식당하는 모습을 보이기도 한다. 결말 부분에 등장하는 새로운 흰색의 자르크는 에일리언에 의존하지 않고 순수 지구의 기술로 만든 로봇으로 에일리언의 침략을 극복한 인류의 희망을 상징한다.

외계인으로부터, 오버테크놀로지의 선물: 〈초시공요새 마크로스 – 사랑, 기억하고 있습니까?〉의 마크로스

외계인이 문명적으로 인류보다 발전해 있는 것은 어찌 보면 당연한 설정이다. 보통 침략을 해 오는 것은 외계인 쪽일 테고, 그렇다면 그들은 지구까지 도달하기 위해 우주를 광속 이상으로 항해할 줄은 알아야 하기 때문이다. 자, 그럼 오버테크놀로지를 보유한 그들에 맞서 지구인들은 무얼 가지고 싸워야 할까? 1980년대 숱한 화제를 낳으며 역사에 남은 애니메이션 <초시공요새 마크로스>(이하 <마크로스>)에 그 대답이 있다.

<마크로스>는 1982년 이시구로 노보루가 감독한 36편 완결의 TV판과 1984년 이를 리메이크한 카와모리 쇼지 원안·

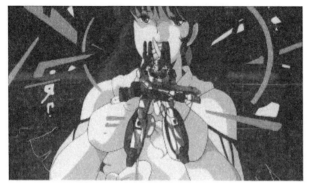

〈마크로스〉, 린 민메이와 3단 변신 로봇 발키리.

감독의 극장판 <사랑, 기억하고 있습니까?>가 대표적인 시리즈이다. 무엇보다 이 작품이 유명한 것은 일본 애니메이션 최초의 아이돌이라고 불리는 '린 민메이'라는 캐릭터를 낳은 작품이기 때문이다. 아이돌이 나오는 만큼 노래가 작품 내에 차지하는 비중 역시 막대하다. 심지어 전술적으로도 노래가 사용된다는 다소 황당하기까지 한 아이디어가 돋보인다. 마지막으로 <마크로스>에서 빼놓을 수 없는 특징은 로봇 애니메이션임에도 불구하고 주인공 남녀 셋이 펼치는 삼각구도의 사랑이야기가 큰 비중을 차지하여 드라마적인 요소까지 갖추고 있다는 점이다.

매우 독특한 색채의 작품인 만큼 요새이자, 함선이자, 변신하면 초거대로봇이 되기까지 하는 초시공요새 '마크로스'에 대한 설정 역시 남다르다. 마크로스는 인간이 건조한 것이 아니라 50만 년 전 지구에 문명을 이루며 살았던 '프로토 컬처'

라는 외계인들이 만든 오버테크놀로지의 우주선이다. 그들이 지구를 떠난 지 2만 여 년이 지난 서기 1999년 공간이동(텔레포트)을 하던 중 지구로 떨어진 낙오선이 마크로스였으며 인류는 10여 년에 걸쳐 이를 개·보수하여 지구로 침공해 오는 거인족 '젠트라디'에 맞서 싸우게 된다. 거인족 젠트라디는 프로토 컬처들이 단성생식 능력을 획득한 이후 남성과 여성으로 갈라져 전쟁을 하다가 자신들의 전쟁 도구로서 만든 클론들이다. 결국 창조주인 프로토 컬처의 기술력을 넘을 수 없는 젠트라디들은 프로토 컬처의 유산인 마크로스와 대등한 싸움을 펼칠 수밖에 없는 것이다. 말하자면 오버테크놀로지로 포장된 외계인의 선물이 바로 초시공요새 마크로스인 셈이다.

신세기, 생체로봇의 혁명

일본 애니메이션계에 혁명을 일으키다

1990년대 말 일본 대중문화가 아직 낯설게 느껴지던 당시 우리나라에 가히 열풍이라고 불러도 좋을 만큼 문화적 아이콘으로 떠올랐던 일본 애니메이션이 있다. 1995년 10월 TV도쿄를 통해 방영되기 시작한 <신세기 에반게리온>29)이 바로 그 작품으로, 일본에서 얻은 폭발적 반응에 힘입어 전 세계 애니메이션계를 강타하였다. 오타쿠 창작집단으로 유명한 GAINAX는 이전에도 <신비한 바다의 나디아>와 '건버스터' 시리즈로 얻은 인기에 이 작품으로 확고한 입지를 다지게 되었으며 감독인 안노 히데아키 역시 세계적인 애니메이션 감독으로 발돋

움하게 되었다. 에반게리온의 특징이라면 신선한 메카닉 디자인과 다양하고 사실적인 밀리터리 미장센, 성서를 기반으로 한 심오하고 철학적인 세계관, 소심하고 자폐적인 성격의 주인공 소년, 매력 있는 여성 캐릭터 등으로 요약할 수 있다. 그리고 제작진이 의도한 난해하고 끝이 모호한 줄거리는 팬들로부터 많은 비판을 받았던 만큼 그에 대한 활발한 토론과 해석을 유도하여 오히려 제2차 홍보의 기능을 하기도 하였다.

<신세기 에반게리온>이 로봇 애니메이션계뿐만 아니라 전체 일본 애니메이션의 역사에 한 획을 그은 것은 분명하다. 지금도 이 작품은 소위 제3차 일본 애니메이션 붐을 주도한 작품으로 회자되곤 한다. 그 파장은 바로 새로운 세기인 21세기로 이어져 이후 창작되는 많은 애니메이션에 크든 작든 영향을 미치고 있다. 이 장에서는 다른 것들은 논외로 하고 <신세기 에반게리온>이 로봇 애니메이션으로서 기존의 것들과 어떤 차별화를 이루어 내었으며 어떠한 새로운 흐름을 창조해 내었는지에 대하여 이야기해 보고자 한다.

생체로봇의 파괴적인 디자인

건담에서 시작되어 어느 정도 정형화되어 있었던 메카닉 디자인에 대한 상식을 한 번에 엎어 버린 <신세기 에반게리온>의 메카닉, 에반게리온(줄여서 에바)[30]의 디자인은 로봇 애니메이션 디자인 역사에 있어 가히 획기적이라고 할 수 있다.

늘씬하고 긴 팔과 다리, 튼튼한 로봇과는 거리가 멀어 보이는 가느다란 허리, 살짝 굽어진 등은 에일리언을 연상시키기도 한다. 나사가 도는 정교한 관절도 보이지 않고 나이프가 장비된 어깨의 장갑은 지나치게 크다. 격렬한 전투로 인해 두부의 장갑이 벗겨지면 흉측하다 못해 마치 괴물 같은 얼굴이 드러난다. 그도 그럴 것이 에반게리온은 사실상 로봇이 아니다. 아담(後에 릴리스로 밝혀짐)[31]이라는 미지의 생명체로부터 복제한 인공생명체 정도의 해석이 옳을 것이다. 에반게리온의 정식 명칭은 '범용인형결전병기 인조인간 에반게리온'으로서 로봇이라기보다 인조인간과 병기의 측면이 부각된다. 즉, 인공생명체에 여러 가지 기계 부속을 삽입하고 장갑을 둘러 만든 사이보그라고 볼 수 있다. 그럼에도 불구하고 에반게리온은 거대로봇의 전통적인 몇 가지 특징을 잘 따르고 있다.

우선 빌딩이 무릎 높이 정도에 머무는 거대한 크기와 전신을 둘러싼 금속 재질의 장갑이 괴기한 외형을 그나마 상쇄시켜 로봇이라는 느낌을 갖게 한다. 무엇보다 에반게리온 내부에 탑승하여 동작을 명령하는 파일럿의 존재는 결정적이다. 뿐만 아니라 에반게리온은 유선으로 전기 동력이 공급되어야 기동이 가능하기 때문에 등에 거대한 케이블이 꽂혀 있다. 이러한 요소들로 인해 에반게리온은 거대로봇이라는 이미지를 가지게 되며 <신세기 에반게리온> 역시 로봇 애니메이션으로 분류되는 것이 당연시되고 있다.

적으로 등장하는 사도(Angel)의 디자인도 주목할 만하다. 성

에반게리온 초호기 EVA-01.

서에 나오는 천사의 이름들을 딴 사도는 TV판 제26화를 통해 제3사도부터 완전히 인간의 모습을 한 제17사도까지 총 15개 체가 등장한다. 설정상 에반게리온과 동격인 사도이지만 인간이 만든 것이 아니라 아담으로부터 파생된 생명체이기 때문인지 인간의 모습에 가까운 에반게리온에 비해 좀 더 괴기한 외형을 갖는다. 각각의 사도는 다양한 외형에 목적을 달성하기 위해 특화된 기능을 가지고 있다. 그나마 인간의 모습에 가까웠던 것은 맨 처음 등장한 사도인 제3사도 샤키엘이었다. 제5사도 라미엘은 다이아몬드의 외형에 절대 방어에 특화되어 모든 공격을 무력화시키고 목표를 향해 이동하기만 한다. 제11사도 이루엘은 아예 형태가 없이 슈퍼컴퓨터 마기(MAGI)에 침투하는 바이러스이며 제16사도는 빛의 형태로 에반게리온과 파일럿에 침식하여 동화되는 기능이 있다. 마치 거대로봇의 적으로서 등장할 수 있는 모든 형태의 상상을 자유롭게 펼쳐

제3사도 사키엘.

풀어 놓은 듯한 사도의 다양함이다.

로봇과 파일럿의 관계, 모성본능

에반게리온 초호기 EVA-01은 주인공인 이카리 신지가 탑
승하는 기체이다. 에반게리온의 로봇과 파일럿의 관계는 기존
거대로봇과 파일럿의 관계에 비해 참신한 면이 있다. 우선 파
일럿은 '엔트리 플러그'라는 실린더 형태의 오브젝트에 탑승
한다. 이 엔트리 플러그는 에반게리온의 목 뒷덜미로부터 척
추에 해당하는 부분에 삽입된다. 엔트리 플러그 삽입 이후
LCL이라는 액체가 엔트리 플러그 내에 주수된다. LCL은 파일
럿의 폐에 들어가 직접 산소를 공급하기 때문에 파일럿이 질
식하는 일은 없다. 파일럿의 신경은 LCL에 의해 직접적으로
로봇의 동작 회로와 연결된다. 즉, 생각만으로도 에반게리온
을 움직일 수 있다는 것이다. 따라서 여기에 기존 거대로봇―

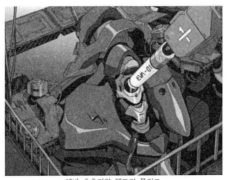
에바 초호기와 엔트리 플러그.

파일럿의 관계에는 없었던 신경일치의 정량화를 의미하는 '싱크로율'이라는 개념이 생긴다. 싱크로율이 높으면 높을수록 에반게리온을 더욱 효율적으로 작동시킬 수 있다. 이 싱크로율은 아무나 높은 수치를 나타낼 수 없으며 주인공 이카리 신지를 비롯해, 아야나미 레이, 아스카 랑그레이 등 14세가량의 몇몇 선택받은 아이들만이 높은 싱크로율을 보인다.

여러 모로 다른 로봇과 다른 에반게리온이지만 그중에서도 가장 다른 점은 역시 생명체의 속성을 지니며 그중에서도 특이하게도 모성본능을 가지고 있다는 것이다. 이 작품에 대한 해석은 모호한 설정만큼이나 다양하게 존재하지만 에반게리온이 어머니, 또는 자궁의 메타포를 가지고 있다는 것은 일반적인 해석이며 이것으로 유독 높은 싱크로율을 보이는 파일럿이 어린아이여야 하는 배경적 개연성도 성립된다. 특히 주인공 신지가 탑승하는 에반게리온 초호기의 경우 신지의 어머니인 이카리 유이가 개발 도중 실종됐다는 사실에서 에반게리온 과 모종의 동화를 이루어 흡수되었다는 설이 유력하다. 신지 는 에반게리온에 탑승할 때 어머니의 자궁으로 퇴화하는 듯한 편안함을 느낀다. 에반게리온 제1화에서 초호기는 철골 구조 가 신지에게로 낙하하자 동력도 공급 안 된 상황에서 팔을 움 직여 신지를 보호하는 기적을 일으킨다. 자신의 아들을 지키 려는 이카리 유이의 모성이 발현된 것이다. 또한 여러 차례 신 지가 위험한 상태에 놓일 때, 초호기는 불가사의한 폭주를 일 으켜 적을 섬멸한다. 에반게리온은 물론 매우 과학적이고 정 밀한 설정의 SF 작품이지만 동시에 이러한 초자연적인 현상을 등장시켜 보는 이에게 카타르시스와 재미를 선사한다. 게다가 단순한 재미가 아니라 로봇에 대한 새로운 해석을 시도한다. 표면적으로는 로봇 애니메이션의 전통에 따라 거대 병기로서 적을 무찌르는 모습이지만 해석하기에 따라 그것은 소심하고 자폐적인 자식을 지키려는 어머니의 대단한 모성본능으로 비 치기도 한다.

철학으로 이어지는 로봇의 구성 요소

앞서 <신세기 에반게리온>의 성공 요소로서 의도적인 난 해한 줄거리와 세계관을 언급하였다. 철학적이고 종교적인 논 쟁을 일으키는 요소들은 로봇에 직접적으로 관계된 부분에서 도 은유되어 나타남을 알 수 있다.

AT필드

AT필드(Absolute Terror Field)는 사도와 에반게리온이 생성할 수 있는 일종의 방어막이다. 시전자의 주위를 투명하게 혹은 발광하며 둘러싸 미사일 등을 차단하는 실드(shield)의 개념은 거대로봇물에서는 흔히 볼 수 있는 기본적인 미장센이다. <신세기 에반게리온>에서는 이런 기본적인 요소에도 설정을 두어 철학적인 해석을 유도하고 있다. 아담의 자손인 사도와 아담과 대립하는 존재인 릴리스의 복제 에반게리온, 이들의 AT필드는 기존 거대로봇물에서처럼 적의 공격으로부터 자신을 보호하기 위한 방어막의 형태로 나타난다. 하지만 릴리스의 자손인 인간들에게도 AT필드는 다른 형태로 존재한다. 바로 상대방의 마음을 차단하고 자신의 영역을 구축하는 '자아'가 인간의 AT필드에 해당하는 것이다. 로봇의 AT필드가 해제되면 적의 손에 파괴당하는 것과 마찬가지로 인간의 AT필드,

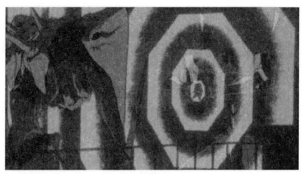

AT필드.

즉 자아가 해제되면 정신붕괴에 이르게 된다. 나아가 이런 인간의 AT필드를 모두 소멸시키고 전 인류를 하나의 총체적 의지로 규합한다는 '인류보완계획'이라는 개념이 등장하게 되어 작품 전체를 관통하는 주제와 밀접한 관계를 이룬다.

S2기관

전기 동력으로 움직이는 에반게리온에 비해 사도들은 별도의 동력을 필요로 하지 않고 활동한다. 이는 모든 사도들이 가지고 있는 이상적 영구기관인 S2기관 덕분이다. 다분히 과학적이어야 할 S2기관에도 역시 창세기를 바탕으로 한 종교적인 배경이 깔려 있다. 아담은 자신의 후손인 사도에게 생명의 열매를 주었으며, 릴리스는 자신의 후손인 인간에게 지혜의 열매를 주었다. 여기서 말하는 생명의 열매가 은유하고 있는 대상이 다름 아닌 S2기관으로서, 직접 파괴당하지 않는 한 사도에게 무한한 에너지를 주는 동력원으로 작용한다. 반면 인간은 창조주 릴리스로부터 영생의 선물을 받지 못한 대신 과학이나 문명으로 구체화 될 수 있는 지혜의 선물을 받았다는 설정이다. 단순히 로봇의 동력원으로 그칠 수 있는 소재가 창조주의 선물이라는 옷을 입고 서사적 흡입력을 갖추게 된다.

거대로봇물의 새로운 플롯 전개 방식

로봇 캐릭터의 디자인에 있어 획기적인 변화를 가져온 <신

세기 에반게리온>은 이야기의 전개 방식에도 하나의 유행을 불러일으켰다. 몇 개의 에피소드를 제외하면 매 에피소드 당 하나씩 사도가 등장하여 주인공들에 의해 저지당한다. 사도의 목적은 네르프의 지하에 잠들어 있는 아담(릴리스)과 접촉하는 것, 그 이상은 알 수 없다. 사도와 아담이 접촉하면 재앙이 따를 것이라는 추측에 의해 주인공들은 결사적으로 사도를 저지한다. 사도는 회를 거듭할수록 강력한 모습으로 업그레이드되어 나타난다. 마침내 시리즈의 후반에 이르러 사도의 목적은 달성되지만 우려했던 재앙은 일어나지 않는다. 오히려 인류의 편인 줄 알았던 네르프의 배후 기관인 제레에서 인류를 멸망시킬 서드임팩트[32]를 계획하고 실행한다.

정체와 목적을 알 수 없는 강력한 적이 매회 하나씩 등장하고 주인공들은 이를 막는다. 비밀은 조금씩 실마리가 풀려 가며 마지막에 이르러 적의 목적 달성과 함께 반전이 일어난다. 이러한 패턴은 에반게리온 열풍 이후 제작된 많은 로봇 애니메이션에서 비슷하게 나타나 팬들로부터 <신세기 에반게리온>의 아류라는 비판을 끌어내는 결정적인 이유가 되었다. 이러한 결과가 창작자들의 의도와 관계없는 우연이든 아니든, 어쨌건 소비하는 쪽의 입장에서는 하나의 유행으로 받아들여졌던 것이다.

대표적인 작품들로 2000년 선라이즈에서 제작한 <아르젠토 소마>와 2002년 본즈에서 제작한 <라제폰>[33], 2004년 XEBEC(지벡)에서 제작한 <창궁의 파프너>[34] 등이 있다.

<아르젠토 소마>에서는 사도와 같은 역할을 하는 에일리언이 아담을 향해 전진하는 사도처럼 순례 포인트를 향해 전진하고 주인공들은 그것을 저지한다. <창궁의 파프너>에서도 페스튬이라는 정체를 알 수 없는 적이 등장하여 비슷한 플롯을 전개한다. 물론 이들 모두는 무엇과 비교할 필요도 없이 나름대로 독특한 세계관과 주제를 지닌 작품들이 분명하다. 하지만 로봇 애니메이션 팬들이 벌이는 유사성 논란 속에서 결과적으로는 <신세기 에반게리온>을 필두로 하는 새로운 유행을 창조하였다.

Robot can be anything in Japanimation!

기발한 변신 로봇, 〈천공의 에스카플로네〉와 〈황금전사 골드 라이탄〉

로봇이 보여 주는 매력은 여러 가지가 있지만 무엇보다 전통적으로 로봇 마니아들을 열광시키는 것은 로봇이 보여 주는 화려한 변신일 것이다. 최근 실사화된 영화 <트랜스포머>의 원작 만화 시리즈에서 시작하여 주로 슈퍼로봇에서 파생되는 변신 로봇의 종류는 헤아릴 수 없을 만큼 많다. 일본 애니메이션에서도 전통적으로 로봇들은 변신을 즐겨 한다. 오래된 애니메이션 중에는 우리나라에도 소개되었던 1975년 작품 <UFO 로봇 그랜다이저>가 대표적이며 1986년 방영된 <기

동전사 Z 건담>에서도 Z 건담이 웨이브라이더로 변신한다. 많은 마니아를 가지고 있는 <마크로스> 시리즈도 3단계로 변신하는 전투 로봇인 발키리가 등장해 깊은 인상을 남겼다. 많은 변신 로봇 계열의 작품 중에서도 기발한 형태의 변신을 보여 주는 작품 두 가지를 이야기해 보고자 한다.

1996년 2쿨의 TV 시리즈로 반영된 카와모리 쇼지 원작의 <천공의 에스카플로네>에서 등장하는 기갑 병기(가이메르프) 에스카플로네는 화려하고 멋진 메카닉 디자인으로 유명하다. 주인공 반 화넬이 탑승하는 기체인 에스카플로네는 평상시 기사의 모습에서 날쌘 용의 모습으로 변신한다. 기사의 모습일 때는 장검을 이용한 전투를 펼치며 용의 모습일 때는 빠른 기동성을 발휘하여 이동한다. 이 작품을 통틀어 변신이 가능한 로봇은 에스카플로네 하나뿐으로 다른 로봇과 비교할 때 특수성을 부여받는다.

용으로 변신하는 로봇이라는 아이디어는 다분히 동양적인 아이디어이다. 물론 에스카플로네가 변하는 용의 모습은 동양

에스카플로네(좌)와 용으로 변신한 형태(우).

골드라이탄 프라모델.

의 용이 아닌 서양의 드래곤 쪽에 가깝다. 하지만 자연친화적인 동물의 형태로 변신한다는 아이디어는 좀 더 로봇을 인간의 친구와 같이 생각하는 동양적 로봇관의 영향을 받은 것이라고 볼 수 있다.

<황금전사 골드라이탄>은 타츠노코 프로덕션이 1981년 제작한 TV 애니메이션이다. 이 작품은 무엇보다 독특한 로봇 디자인으로 유명하다. 지포라이터가 거대로봇으로 변신한다는 아이디어는 어렸을 적 아버지의 지포라이터를 가지고 놀던 어린아이가 했음직한 상상이다. 그러한 상상을 당시 유행하던 거대로봇의 흐름에 맞추어 독특한 디자인 콘셉트로 발전시킨 것이 바로 골드라이탄이다.

변신 로봇은 로봇에 대한 상상력을 극대화시켜 주는 소재이다. 실제로 로봇의 변신은 기술적인 실현 가능성 문제를 떠나 그 자체로 매우 비효율적이다. 하지만 이동 수단으로서 효율적인 바퀴를 마다하고 인간처럼 두 발로 서서 걷고 싶어 하는 로봇의 영원한 소원처럼 변신(transform) 역시 로봇의 상징적인 테마로 남을 것이다.

남자와 여자와 합체, 〈반드레드〉의 반가드와 드레드

변신과 함께 마니아들을 설레게 하는 로봇의 또 다른 로망이 있다면 바로 합체이다. 많이 간과하는 부분이지만 거대로봇의 효시였던 〈기동전사 건담〉에서 건담도 코어파이터가 건담으로부터 분리되고 합체한다는 설정이 있다. 〈합신전대 메칸더 로보〉 역시 메칸더 원·투·쓰리의 세 기체가 합체하는 패턴을 무엇보다 먼저 떠올리는 팬들이 많이 있을 것이다. 로봇의 크기와 파워를 한층 업그레이드시켜 주는 합체는 로봇디자인에 있어 매우 매력적인 요소로 작용한다.

합체에 관하여 매우 인상적인 시각을 제시한 작품이 있다. 2000년 3D 애니메이션으로 제작된 〈반드레드〉는 우주로 나선 인류가 남자와 여자로 나뉘어 대립한다는 독특한 세계관을 배경으로 로봇의 합체를 남녀의 결합에 비유하고 있다. 서로를 외계인 정도로 생각하는 남자의 제국 '타라크'와 여자의 제국 '메제르'는 전투에 사용하는 병기의 종류도 다르다. 타라크는 인형 병기인 '반가드'를 사용하며 메제르는 전투기 형태의 '드레드'를 사용한다. 남자 주인공 히비키 토카이의 타라크 일행은 일련의 사건으로 메제르 해적단에 합류하게 된다. 이들의 만남 도중 팩시스라는 신비의 에너지원이 폭주하여 평범했던 히비키의 반가드와 세 기의 드레드에 모종의 변화를 가져 왔다. 이후 히비키의 반가드는 세 명의 여자 주인공이 탑승하는 드레드와 각각 합체하여 반드레드가 될 수 있다는 사실을 알게 된다.

반드레드의 합체에서 주목할 점은 단순히 모양이 변하는 합체가 아니라는 점이다. 반가드와 드레드의 합체는 모양이 심하게 변화하여 아예 다른 종류의 로봇이 되기 때문에 합체라기보다 오히려 재구성에 가깝다. 이 부분을 강조하기 위한 목적인지는 몰라도 반드레드의 합체 장면은 정교하고 복잡한 메카닉 합체 장면을 사랑하는 팬들의 구미에는 맞지 않을 정도로 화려한 3D 이펙트로 덮어씌워 얼버무리고 있다. 완전히 다른 기체로 다시 태어난 외형과 마찬가지로 합체된 기체의 기능 또한 오리지널 기체와 다른 전혀 새로운 기능으로 업그레이드된다. 여주인공 디타의 드레드와 합체한 '반드레드 디타'는 더욱 강력해진 파워와 무기를 장착한 인형 병기이며 메이아의 드레드와 합체하는 '반드레드 메이아'는 기동성을 중시한 매 형상의 이동 병기이다. 쥬라의 드레드와 합체하는 '반드레드 쥬라'는 떠다니는 거울을 이용해 방어막을 치는 방어형 병기이다. 각각의 합체는 스토리가 진행되며 순차적으로 공개되어 흥미와 기대를 더해 준다.

이질감과 선입견으로 서로를 적대시하던 남자와 여자는 생존을 위해 서로 합체하여야 하는 상황에서 조금씩 상대방을 인정하고 받아들이게 된다. 기동성과 방어력이 부족한 반가드와 파괴력과 조작성이 떨어지는 드레드는 그 자체로는 완벽한 로봇이 아니다. 합체를 통해 보다 완성된 형태의 로봇으로 거듭나는 모습은 남자와 여자가 서로의 단점을 보완하며 함께하

〈반드레드〉, 반드레드 쥬라.

는 모습과 오버랩 되어 시종일관 작품의 독특한 분위기를 유
지한다.

하드슈트: 입는 로봇, 〈버블검 크라이시스 도쿄 2040〉

8부작 OVA로 1987년 발매되어 큰 인기를 얻은 소노다 켄
이치 원작의 <버블검 크라이시스>(이하 <버블검>)는 후속작
을 거쳐 1998년 2쿨의 TV시리즈로 리메이크 되었다. 등장하
는 캐릭터의 이름과 하드슈트, 부머, 게놈 등 핵심 아이디어를
그대로 사용한 채 줄거리와 세계관에는 많은 변화를 주었다.
주인공인 시리아, 프리스, 네네, 린나 네 명은 사조직인 나
이트세이버즈를 결성해 도시 곳곳에서 폭주하는 안드로이드
인 부머(Voomer, VOodoo Organic Metal Extention Resourse)를 파괴하
는 활동을 한다. 전투에 필요한 여성들의 유연성은 유지한 채

여성에게 부족한 근력과 스피드를 높여 주는 하드슈트를 착용하여 전투에 임한다. 하드슈트는 기존 애니메이션을 통해 입는 로봇으로 많이 등장했던 군사용 중장갑과는 많은 차이가 있다. <블루젠더>와 <공각기동대>에 등장하는 군사용 중장갑은 공사용으로 현대에 쓰이고 있는 중장비에서 영감을 얻은 듯한 디자인이다. 기본적으로 팔과 다리의 기능성을 중시한 중장갑은 인체에 비해 지나치게 크고 기동성이 떨어지는 이미지가 강하다. <버블검>에서의 하드슈트는 이에 비해 좀 더 옷에 가깝다. 착용하는 대상이 정해져 있어 맞춤 사이즈이기도 하지만 착용 시 타이트하게 조여져 원래 착용자의 몸매가 그대로 드러난다. 물론 무게도 전혀 무겁지 않다.

그렇다면 과연 하드슈트를 로봇이라고 부를 수 있을까? 로봇의 확장된 의미는 모든 기계를 포함하지만 단순한 장비에 그친다면 의미상 로봇으로 보기에는 무리가 있다. 시청자들은 옷걸이에 걸려 있는 하드슈트를 보면서 로봇이라고 느끼지 않지만 하드슈트를 착용한 주인공들이 부머와 전투를 벌이는 장면을 보면서 하드슈트를 로봇으로 인식한다. 뿐만 아니라 극이 진행되면서 일종의 반전으로 밝혀지는 하드슈트의 정체는 하드슈트에게 로봇으로서의 정체성을 부여한다. 주인공 나이트세이버즈의 적이었던 부머는 유기합성로봇으로 모든 금속들의 구성 성분을 변화시켜 다양한 형태로 변화하는 성질이 있다. 하드슈트는 결국 부머의 일종으로서 부머에게 의지를 부여하는 코어를 제거한 형태였던 것이다.

하드슈트.

　이 작품에서 하드슈트를 포함한 모든 로봇의 총칭인 부머는 로봇이라는 주제에 인공지능과 총체적 자아, 인류와의 관계 등 다각도로 접근하고 있다. 부머의 탄생은 그들의 총체적 인공지능인 가라티아의 탄생과 직결된다. 부머를 개발한 시리아의 아버지 스팅그레이 박사는 자신의 딸인 시리아의 뇌 깊숙한 곳에 어떤 장치를 삽입한다. 그 장치는 오랜 시간 동안 시리아의 뇌에서 발생하는 모든 신호를 채집하고 기록하고 학습하여 하나의 인공지능을 구축한다. 이것이 부머의 총체적 자아가 되는 가라티아의 탄생이다. 그러나 세상의 모든 기계를 제어할 수 있는 가라티아의 힘에, 호기심만 남은 불완전한 자아는 정상적으로 성장하지 못하고 세상을 파멸로 이끌 정도의 무서운 장난을 치는 것으로 귀결된다.

　이 과정에서 하드슈트는 가라티아의 의지에서 벗어나 착용자인 나이트세이버즈의 의지로 작동하는 유일한 로봇이다. 결말에 이르러 하드슈트 역시 가라티아의 총체적 자아에 침식당하여 주인공을 위협하는 모습도 보여 준다. 하지만 주인공들 역시 자신의 의지로 로봇을 제어해야 한다는 사실을 깨닫고 필사적인 의지로 하드슈트를 제어한다. 마지막 화에서 대기권을 돌파해야 하는 위기 상황에서 린나와 네네가 보여 준 하드슈트의 변용은 로봇을 완벽히 제어하는 인간의 모습을 형상화한 작품의 하이라이트가 아닐까 한다. 반면 또 다른 주인공 프리스의 위기를 느끼고 스스로 억눌린 자아를 해방시킨 바이크 형태의 부머 모터슬레이브는 나아가 로봇이 인류의 친구로서 공존할 수 있다는 것을 암시한다. 무엇보다 이러한 주제를 표현하기에 가장 적합했던 소재는 인간의 몸에 직접 밀착하여 온기를 교환하는 입는 형태의 로봇이 틀림없을 것이다.

로봇 애니메이션의 recursion, 〈기동전함 나데시코〉와 〈게키강가 3〉

가장 전형적인 애니메이션 속 로봇의 역할은 무엇일까? 아마도 모든 일본 애니메이션들을 모아놓고 보면 '지구를 지키는 로봇'이 압도적으로 많을 것이다. <철완 아톰>에서부터 이미지를 쌓아 온 지구를 지키는 다정한 친구 로봇은 자아를 잃고 거대화되어서도 파일럿과 함께 여전히 지구를 지키기에 앞장서고 있다. 웬만한 블록버스터 영화의 주인공이라도 부담을 느낄 법한 이 막중한 임무를 견뎌 내야 할 주인공이라면 남들과 다른 무엇이 있어야만 할 것이다. 여기에 필요한 요소가 바로 노력, 근성, 우정, 정의라는 단어들로 대표되는 열혈 로봇 아니메[35]의 그것이다.

1970년대 쏟아져 나온 거대로봇류의 작품들에는 이 열혈 로봇 아니메의 요소들이 넘치고 있다. <겟타로보> <마징가 Z> <전설의 용자 다간> 등 많은 인기를 얻은 작품들의 주인공은 하나같이 좌절을 모르고 용기와 투지가 넘치며 정의를 부르짖는다. 동료를 위해서라면 희생을 마다하지 않는 우정과 첫 회부터 오로지 한 여자만을 생각하는 사랑 역시 필수적이다. 이들 열혈 주인공은 상상을 초월하는 파워를 지닌 로봇을 다루며 지구를 지키는 영웅의 모습을 하고 있다. 초기 로봇 애니메이션의 대표 주자였던 열혈 로봇 애니메이션은 최근 GAINAX에서 발표한 <천원돌파 그레라간>에서도 그 예를 찾을 수 있듯이 꾸준히 제작되고 있으나 전통적인 고전 분위기의 작품들을 그리워하는 오타쿠들의 수요도 상당하다. 이러한 오타쿠들을 적극적으로 끌어들여 아예 작품 속에 출연시켜 버린 기발한 아이디어의 애니메이션이 있다. 바로 1996년 XEBEC에서 제작하여 TV로 방영된 <기동전함 나데시코>다.

<기동전함 나데시코>는 탄탄한 스토리 구성과 과학적 지식을 기반으로 한 설정으로 현대적 로봇 애니메이션의 요소를 갖추고 있지만 코미디 요소 역시 작품 전반에 뿌려 두어 언뜻 보기에 불균형적인 분위기를 풍긴다. 여기에 덧붙여 재미있는 점은 작품 속에서 재귀적으로 등장하는 또 다른 애니메이션인 <게키강가 3>의 존재이다. <게키강가 3>는 전형적인 열혈

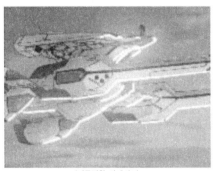
〈기동전함 나데시코〉.

로봇 아니메로서 주인공을 비롯한 등장인물들이 즐겨 보는 애니메이션으로 설정되어 있다.36) 시청을 하고 있는 관객들은 애니메이션을 좋아하는 등장인물들에 비유되어 작품 속에 재귀적으로 등장하는 셈이다.

<게키강가 3>의 광팬인 주인공 텐카와 아키토 역시 로봇을 다루어 적과 싸우는 파일럿임에도 불구하고 열혈 로봇 아니메의 주인공과는 거리가 먼 성격이다. 폼을 잡지도 않고 적극적이지도 않고 정의를 부르짖지도 않는다. 1990년대 중반 이전과는 많이 달라진 일본 사회처럼 주인공도 그 사회에 맞게 변화한 평범한 애니메이션 팬 중의 하나를 대변하고 있는 것일지 모른다. <게키강가 3>의 정의와 사랑에 비교하여 볼 때, <기동전함 나데시코>의 정의는 무조건적 절대 선이 아닌 주변의 소중한 사람들을 위한 정의이고, 사랑은 태어날 때부터 점지된 운명이 아닌 삼각관계 속에서 갈팡질팡하면서도

〈게키강가 3〉.

확신을 찾아가는 여정이다. 그러나 텐카와 아키토가 인간형 전투로봇 에스테바리스에 탑승하고 지구를 침략하는 자들과 맞서게 될 때는 언제나 <게키강가 3>를 떠올리며 유치하기 짝이 없는 기술의 이름을 외친다. 현대 로봇 애니메이션에 고전적인 열혈 요소가 자연스레 겹치게 되는 시점에서 우회적이지 않은 직접적 방법으로 연출이 이루어지는 것이다. 로봇 애니메이션이라는 같은 장르지만 시간에 따른 변화는 있게 마련이다. 과거 로봇 애니메이션의 향수와 현대 로봇 애니메이션의 트렌드를 잘 조화시키는 여러 가지 방법 중에서도 작품 내의 재귀적 활용(recursion)은 매우 참신한 시도라 할 수 있다.

한 가지 더, <기동전함 나데시코>는 작품 속 등장인물들을 직접적으로 오타쿠로 설정하여 오타쿠 문화를 공식적으로 인정하는 색다른 팬서비스를 제공하고 있다. 작품 속 메카닉 정비사인 우리바타케 세이야는 프라모델 취미를 가지고 있고, 야마다 지로는 <게키강가> 시리즈 전편을 소장하고 있다.

로봇 애니메이션을 열광적으로 보아오고, 등장인물과 같은 취미를 가진 팬들에게 작은 자부심을 안겨줄 수 있는 부분이다.

Robot can be anything in Japanimation

자, 지금까지 일본 애니메이션에 나오는 로봇에 대해 살펴보면서 무엇을 느낄 수 있는가. 이 책에 소개되거나 간접적으로 언급된 작품들은 사실 빙산의 일각에 지나지 않는다. 세계 모든 콘텐츠 장르 중에서 아마 이만큼 로봇에 대해 열정을 갖고 덤벼든 예는 찾기 힘들 것이다. 그만큼 일본 애니메이션은 로봇이라는 소재를 오랜 역사를 통해 다루어 왔으며 기발한 상상력과 참신한 시도로서 작품의 질과 양을 세계 수준으로 인정받게끔 하였다. 그럼에도 불구하고 일본 애니메이션이 다른 문화권의 작품들과 구별되는 로봇에 대한 특별한 시각이 존재하기도 한다.

<철완 아톰>에서부터 시작된, 로봇은 인류를 위협하는 대상이 아니라 우리의 다정한 친구라는 시각이 바로 그것이며 이러한 시각은 그 이후의 작품에도 큰 영향을 미치며 남아 있다. 로봇(robot)이라는 용어에 대한 해석에서부터 파생된 로봇에 대한 상상력의 관점은 서양의 그것과 일본인의 그것이 다르다고 익히 알려진 사실이다. 서양의 성악설적이고 부정적인 로봇에 대한 관념 대신 성선설적이며 긍정적인 일본인의 시각이 그들의 창작물에 고스란히 녹아든 결과이다. 일본 애니메

이션에서 로봇은 주인공이기도 하며 주인공의 친구이기도 하고 주인공이 사람일 경우 상징적인 도구로서 충실하기도 한다. 그렇게 많은 작품들이 있지만 인류와 맞서 싸운다는 설정의 로봇은 눈에 띄지 않으며 만약 그런 경우에도 항상 올바른 로봇이 있어 인류의 손을 잡고 함께 싸운다. 일본 어린이들이라면 누구나 시청하는 TV 애니메이션이 로봇에 대한 이미지 전도사로서 역할을 하는 것이다. 일본이 로봇 기술에 있어서 강국의 위치에 오른 것도 이와 무관하지 않다.

또한 일본에서는 애니메이션 작품을 만드는 프로들에 대한 인식 수준이 높다. 자라나는 많은 아이들이 다양한 애니메이션을 소비하고 있으며 장래의 꿈으로 애니메이션 관련 전문가를 꼽기도 한다. 일본에서 만화가라면 누구나 부러워하는 전문직인 것이다. 이러한 대우나 인식이 애니메이션의 작품성을 향상시키는 데 커다란 영향을 미친다. 로봇 애니메이션에 관련해서도 마찬가지이다. 로봇 애니메이션 전문가의 전문성을 인정받은 일례로, <기동경찰 패트레이버>37)의 메카닉 디자인에 참여했던 이즈부치 유타카는 1998년 국가 프로젝트인 HRP(Humanoid Robotics Project)에서 실제로 개발된 휴머노이드 로봇 'HRP-2'의 박스 디자인을 맡기도 했다.

무엇보다 일본의 로봇 애니메이션의 강점은 소재를 끌어내는 풍부한 상상력과 기술적 배경을 소홀히 하지 않는 장인정신에 있다. 기계 덩어리와 논리 회로에 지나지 않는 로봇은 상상력의 날개를 부여받고 개성과 감성을 갖춰 매력적인 캐릭터로 다시 태어난다. 이를 뒷받침하는 사실적이고 실험적인 미래관은 마니아적 성향을 가진 시청자들도 만족시켜 준다. 정교한 기술을 요구하는 로봇이지만 결국 인간을 닮고 싶어 하는 로봇의 속성이 반영된 결과이다. 로봇에 관심 있는 창작자에게 일본 애니메이션이 무엇보다 좋은 벤치마킹이 될 것이다.

데즈카 오사무의 1963년 이래로 일본 애니메이션을 통해 가장 활발히 모습을 비쳐 온 로봇은 이제 다른 콘텐츠 영역에서도 점점 더 쉽게 만나 볼 수 있다. 그것은 중국의 영화일 수도, 미국의 공연일 수도, 한국의 게임일 수도 있을 것이다. 항상 진화하는 로봇의 남은 가능성만큼이나 창작 소재로서의 잠재력 또한 무궁하며 무진하다.

주

1) 혼다가 2000년 완성한 2족보행 휴머노이드. 혼다는 2족보행 로봇의 개발에 있어 세계적으로 독보적인 위치에 있다. 1986년 첫선을 보인 E0를 시작으로 1997년 완성한 휴머노이드 P3는 아시모의 기본 모델이 되었다.

2) 나가노 마모루(永野護, 1960년생). 선라이즈의 메카닉 디자이너 출신 만화가. 섬세하고 유려한 메카닉 디자인으로 정평이 나 있으며 유명한 기동전사 건담 시리즈의 메카닉 디자인의 많은 부분을 담당하였다. 투철한 장인정신으로 <파이브 스타 스토리즈>를 연재하다가도 게임에 빠져 연재를 한동안 중단하는 등 자유분방한 괴짜의 행동을 보이기도 한다.

3) 카와모리 쇼지(河森正治, 1960년생). 마크로스 극장판 <마크로스 - 사랑, 기억하고 있습니까?>로 1984년 감독으로 데뷔하였다. 이후 <공각기동대>의 메카닉 디자인을 담당하기도 하였으며 최근 2008년에는 <마크로스 F>를 감독하여 흥행에 성공했다.

4) 데츠카 오사무(手塚治蟲, 1928~1989). 1946년 <마아짱의 일기장>으로 만화가로 데뷔하여 무시 프로덕션을 설립하였다. <철완 아톰>의 원작자로 일본 만화계의 대부로 불린다.

5) 풀 애니메이션은 초당 24장의 컷으로 구성되는데 비해 리미티드 애니메이션은 초당 8컷 정도로 제작된다. 따라서 제작에 필요한 예산을 크게 절감할 수 있지만 움직임의 부드러움이 풀 애니메이션에 비하여 떨어지게 된다.

6) Original Video Animation. 비디오 혹은 DVD로만 발매되는 것을 수익 구조로 하는 애니메이션으로 극장판, TV 시리즈와 더불어 일본 애니메이션의 대표적인 제작 형식이다. 보통 6편, 8편 등 1쿨(13편) 이내의 짧은 분량으로 완결되며 한 편의 러닝타임은 약 40~45분 정도이다. 참고로 TV 시리즈는 1회 방영분 20분짜리 13편을 1쿨로 하여 제작된다. 보통 2쿨 정도로 제작되며 장편 시리즈인 경우 3쿨~4쿨에 이르기도 하며 각 쿨마다 오프닝과 엔딩이 바뀌는 등의 변화가 있기도 한다.

7) 오시이 마모루(押井守, 1951년생). 1977년 타츠노코 프로덕션

에 입사하여 1978년 <일발 칸타쿤>의 연출로 감독으로 데뷔하였다. 난해한 연출기법과 독특한 미적 감각으로 유명하며 <공각기동대>의 연출로 명성을 얻었다.

8) 원래의 뜻은 '당신'이라는 대명사이지만 애니메이션이나 만화·게임·PC 등 무언가 한 분야에 마니아 이상으로 심취해 있는 열렬한 팬을 말한다. 집착이나 광기 등의 부정적 이미지도 있지만 전문가로서의 모종의 권위도 부여받고 있는 오타쿠는 일본의 매우 독특한 대중문화의 대표적 특징이기도 하다.

9) 1973년 첫 방영 이후 1979년 다시 부활하여 현재까지 초장수 방영 중인 일본의 국민 애니메이션. 주인공 도라에몽은 22세기의 미래에서 온 로봇으로 되어 있다. 국내에도 소개된 도라에몽 캐릭터는 엄청난 가치의 상업적 브랜드로 성장하였다.

10) 1973년 요코야마 미츠테루 원작의 초능력자 소재의 작품. 39화짜리 TV판이었으나 4편짜리의 OVA로 1992년 한 번 리메이크 되었으며, 2001년 13화의 TV판으로 한 번 더 리메이크 되었다.

11) 세리가와 유고 감독의 1968년 작품으로 로봇 애니메이션의 고전으로 분류된다. 1965년부터 연재된 동명의 만화가 원작이며 1966년 극장판 애니메이션으로 먼저 제작되었다. 많은 리메이크 작품이 있으며 가장 최근에는 2001년 51화의 TV 시리즈로 리메이크 되었다.

12) 유야마 쿠니히코 감독의 1983년 작품. TBS를 통해 방영되었다. 국내에서도 다이나믹 콩콩 코믹스를 통해 <프라레슬러 대장군>이라는 이름의 만화책으로 출판되었다. 이 작품의 로봇 애니메이션으로서의 의미는 로보원 대회를 예견하였다고 볼 수 있는 로봇 격투기 대회라는 놀라운 소재를 발견하였다는 데 있다.

13) 토미노 요시유키, <기동전사 건담>, 30분 × 43화, 1979년 10월 나고야 TV 방영.

14) 토미노 요시유키(富野喜幸, 1941~). 1972년 <바다의 소년 트리튼>으로 TV 애니메이션계에 데뷔하였다. 1960년대에는 무시 프로덕션에서 <철완 아톰>의 제작에도 참여하였으며 선라이즈 소속으로 <기동전사 건담>의 원작과 감독을 맡아 이름을 떨쳤다. 이후 <기동전사 Z 건담> <기동전사 ZZ 건

담> <역습의 샤아> 등 우주세기 건담의 큰 줄거리가 되는 작품을 모두 감독하였다.

15) <기동전사 Z 건담>의 주인공. 17세. 아무로 레이보다 적극적인 성격이지만 좀 더 다혈질에 풍부하고 예민한 감성을 지니고 있다.

16) <기동전사 ZZ 건담>의 주인공. 14세. 이전 건담 파일럿들에 비해 훨씬 낙천적이고 명랑한 성격을 지녔으며 생계를 위해 건담의 파일럿이 된다.

17) 2006년 12월 캐나다에서 열린 Brain-Computer Interface Meeting에서 워싱턴 대학교 신경계 연구소 Rajesh Rao 교수와 그의 학생들이 사람의 뇌파를 이용하여 로봇을 이동시키고 물건을 집게 하는 등의 행동을 시연하였다. 피실험자는 32개의 전극이 달린 모자를 착용하고 로봇과 로봇 위에 설치된 2대의 카메라를 통해 시야를 확보하고 로봇을 생각만으로 움직였다. 이 실험은 약 94퍼센트의 높은 정확성을 보였다.

18) 2008년 9월 24일 서울 상암동 디지털미디어시티에서 개최된 제1회 대한민국 콘텐츠페어에 특별 게스트로 참석한 토미노 요시유키는 기자 간담회를 열고 인터뷰를 가졌다. 일본에서 부와 명예를 가진 토미노 요시유키지만 건담 창작 과정에서 제작사와 스폰서와의 갈등과 같은 내용을 가감 없이 직설적으로 발언하여 독설가라는 별명도 얻고 있다.

19) SF 소설계의 거장 아이작 아시모프(Issac Asimov)가 1940년 제정한 로봇의 행동 강령이다. 제1원칙: 로봇은 인간에게 해를 끼쳐서는 안 되며, 위험에 처한 인간을 방관해서도 안 된다. 제2원칙: 제1원칙에 위배되지 않는 한, 로봇은 인간의 명령에 반드시 복종해야 한다. 제3원칙: 제1원칙과 제2원칙에 위배되지 않는 한, 로봇은 자신을 지켜야만 한다. 후에 아시모프는 자신의 소설 『파운데이션(Foundation)』에서 제0원칙을 추가한다. 제0원칙: 로봇은 인류에게 해를 끼치지 않으며 인류가 위험하도록 방관하지 않는다. 이를 위해서는 제1·제2·제3원칙도 수정될 수 있다.

20) 특수촬영물. 사람이 등장하는 부분은 실사로, 메카닉이 등장하는 부분은 미니어처 촬영으로 편집하는 영상 장르로서 우리나라에 비디오 시리즈로 소개된 <후레쉬맨> <바이오맨>

등 이 이런 장르에 속한다.

21) 2000년대 초반 유행했던 메이드물은 <강철천사 쿠루미>(1999), <마호로매틱>(2000), <쵸비츠>(2002) 등이 대표적이다. 주로 상업적인 작품들이 대부분이며 오타쿠들이 사회적 이슈로 대두되던 당시의 상황을 반영한다.

22) 시로 마사무네 원작, 오시이 마모루 감독, <공각기동대>, 82분 × 1화, 1995년 극장판 개봉.

23) 본명은 오타 마사노리. 1961년 출생. 1985년 장편<애플시드>로 만화가로 데뷔하였다. 1991년 <공각기동대>의 원작이 된 동명의 만화책을 내었다. SF 중에서도 정보화에 관해 독특한 작품 세계로 유명하다.

24) 카미야마 켄지(神山健治, 1966년생). 원작이 크게 인기를 얻었던 오시이 마모루 감독의 극장판 <공각기동대>를 이어받아 TV 시리즈인 <공각기동대 S.A.C>와 <공각기동대 S.A.C 2nd GIG>을 각각 2002년 2004년 연출하였다. 제3편에 해당하는 극장판 <공각기동대 S.A.C Solid State Society>까지 연출을 맡았다.

25) TV판의 세계관은 극장판과 패러렐 월드를 형성한다. 1995년 개봉한 극장판에서 '인형사와 조우하지 않았더라면'이라는 가정을 전제로 인형사와 융합하기 전의 쿠사나기 소령이 주인공으로 이야기를 전개한다.

26) <공각기동대 S.A.C>는 전체 26편의 에피소드로 기본적으로 독립적인 1편 완결의 이야기들이다. 하지만 스마일맨 사건이라는 큰 사건은 연속성을 보여 주며 작품의 큰 줄거리를 이룬다. 독립적 에피소드는 'a stand alone episode'이며 제목 화면이 녹색 배경으로 나오며 연결 에피소드는 'complex episode'라 하여 푸른 배경의 제목 화면으로 시작한다.

27) 야마모토 스미카의 고전 명작 만화로 근성 있는 여주인공, 주인공이 동경하는 여선배, 주인공의 재능을 알아보는 멋진 코치 등의 설정이 유명하다. 애니메이션으로 제작되어 국내에도 '투니버스'를 통해 <정상을 향하여>라는 제목으로 소개되었다. 일본에서 2004년 TV 드라마 실사판으로 제작되기도 하였다.

28) 비슷한 시기에 비슷한 분위기로 같은 제작사에서 내놓은 애니메이션이 있다. 선라이즈의 3대 염세적 메카애니메이션으로 1998년의 <가사라키>, 1999년의 <무한의 리바이어스>, 2000년의 <아르젠토 소마>가 그것이다.

29) 안노 히데아키 감독, <신세기 에반게리온>, 30분 × 26화, 1995년 10월 TV도쿄 방영.

30) 에바 시리즈라고 불리는 에반게리온은 아야나미 레이가 탑승하는 제0호기와 주인공 이카리 신지의 초호기, 아스카 랑그레이의 제2호기가 주요 기체이다. 이후 사도에게 침식당하는 제3호기가 등장하며 극장판에서는 양산형 에반게리온이 등장하여 에바 시리즈의 대미를 장식한다.

31) <신세기 에반게리온>의 세계관의 중심은 제1사도인 아담과 제2사도인 릴리스이다. 태초에 신이 아담과 릴리스를 창조하였고 아담의 자손은 사도, 릴리스의 자손은 인간이 되었으며 이 두 종족은 공존할 수 없다. 아담은 세컨드임팩트를 일으키고 태아 형태로 퇴화하였으며 릴리스는 네르프 본부 지하에 아담으로 오인된 채 롱기누스 창에 꽂혀 있다.

32) 인류 최초의 재앙인 퍼스트임팩트는 대홍수와 노아의 방주이며 세컨드임팩트는 작품의 발단이 되는 서기 2000년 남극의 대폭발이다. 원인은 제1사도 아담의 각성에 의한 것. 서드임팩트는 TV판 종방 후 개봉된 극장판에서 제2사도 릴리스에 의해 일어나 인류를 멸망시킨다.

33) 메카닉 디자이너 출신의 이즈부치 유타카 감독 데뷔 작품. 26화 TV 시리즈로 제작되어 2002년 1월 후지 TV를 통해 방영되었다.

34) 제작사 XEBEC의 대표 격인 하바라 노부요시 감독의 작품. 26화 TV 시리즈로 TV도쿄를 통해 2004년 7월부터 방영되었다.

35) 흔히 일본 애니메이션을 지칭하는 말로 사용된다. 큰 차이는 없으나 일본의 애니메이션 특유의 정서와 특징을 좀 더 잘 표현하기 위한 고유명사로서 기능한다.

36) 애니메이션 속에 등장하는 또 다른 애니메이션인 <게키강가 3>는 본편인 <기동전함 나데시코>와 혼동이 일어나지 않을 만큼 선이 굵고 거친 작화로 고전 애니메이션의 분위기를 풍

긴다. 재미있는 점은 나데시코의 팬들이 <게키강가 3> 자체에도 열화와 같은 관심을 보여 이 부분만을 편집해서 따로 45분짜리의 OVA를 출시하는 결과를 낳기도 하였다. 1998년 2월 발매.

37) 1989년 47편의 TV 시리즈로 방영되어 큰 인기를 얻은 작품. 근미래 탑승형 로봇 사회에서 경찰의 활약을 다룬 작품이다. 일본 애니메이션 창작집단 헤드기어의 다섯 멤버 이토 가즈노리, 이즈부치 유타카, 오시이 마모루, 다카다 아케미, 유우키 마사미 등이 스태프로 참여하였다.

참고문헌

단행본

김문상, 『로봇 이야기』, 살림출판사, 2005.

고장원, 『SF의 법칙』, 살림출판사, 2008.

배일한, 『인터넷 다음은 로봇이다』, 동아시아, 2003.

아네스 기요, 이수지 옮김 『인간과 똑같은 로봇을 만들 수 있을
　　까?』, 민음in, 2006.

야마구치 야스오, 김기민·황소연 옮김, 『일본 애니메이션 역사』,
　　미술문화, 2004.

이노우에 히로치카, 박정희 옮김 『로봇, 미래를 말하다』, 전자신
　　문사, 2008,

웹사이트

베스트아니메 http://bestanime.co.kr/

기동전사 건담 팬페이지 액시즈 http://axis.pe.kr/

네이버 인물검색 http://people.naver.com/

애니메이션

데즈카 오사무, <철완 아톰>, 무시 프로덕션, 1963.

토미노 요시유키, <기동전사 건담>, 선라이즈, 1979.

토미노 요시유키, <기동전사 Z 건담>, 선라이즈, 1985.

토미노 요시유키, <기동전사 건담 ZZ>, 선라이즈, 1986.

안노 히데아키, <신세기 에반게리온>, GAINAX, 1995.

츠루마키 카즈야, <신세기 에반게리온 에어/진심을 그대에게>,
　　GAINAX, 1997.

후지코 후지오, <도라에몽>, 아사히 TV, 1973.

야마자키 카즈오, <THE FIVE STAR STORIES>, 선라이즈, 1989.

오카무라 텐사이, <인조인간 키카이다>, 스튜디오OX, 2000.

카타야마 카즈요시, <THE BIG O>, 선라이즈, 1999.

카미야마 켄지, <공각기동대 S.A.C.>, 프로덕션 I.G., 2002.

카미야마 켄지, <공각기동대 S.A.C. 2nd GIG>, 프로덕션 I.G., 2004.

카타야마 카즈요시, <아르젠토 소마>, 선라이즈, 2000.

안노 히데아키, <톱을 노려라! 건버스터>, GAINAX, 1989.

츠루마키 카즈야, <톱을 노려라2! 다이버스터>, GAINAX, 2004.

이마이시 히로유키, <천원돌파 그렌라간>, GAINAX, 2007.

사토 타츠오, <기동전함 나데시코>, XEBEC, 1996.

이즈부치 유타카, <라제폰>, 본즈, 2002.

하바라 노부요시, <창궁의 파프너>, XEBEC, 2004.

아카네 카즈키, <천공의 에스카플로네>, 선라이즈, 1996.

마시모 코이치, <황금전사 골드라이탄>, 타츠노코 프로덕션, 1981.

모리 타케시, <반드레드>, 곤조, 2000.

모리 타케시, <반드레드2>, 곤조, 2001.

이시구로 노보루, <초시공요새 마크로스>, 타츠노코 프로덕션, 1982.

이시구로 노보루, <초시공요새 마크로스 - 사랑, 기억하고 있습니까?>, 타츠노코 프로덕션, 1984.

타카하시 료스케, <가사라키>, 선라이즈, 1998.

타니구치 고로, <무한의 리바이어스>, 선라이즈, 1999.

하야시 히로키, <버블검 크라이시스 도쿄 2040>, AIC, 1998.

아베 마사시, <블루젠더>, TBS, 1999.

타카하시 나오히토, <강철천사 쿠루미>, OLM, 1999.

세리가와 유고, <마징가 Z>, 토에이, 1972.

카츠마타 토모하루, <겟타로보>, 토에이, 1974.

아케비 마사유키, <UFO 로봇 그랜다이저>, 토에이, 1975.

히라이 가즈마사, <에이트맨>, TBS, 1963.

요시나가 나오유키, <기동경찰 패트레이버>, 선라이즈, 1989.

요코야마 미츠테루, <바벨 2세>, 토에이, 1973.

프랑스엔 〈크세주〉, 일본엔 〈이와나미 문고〉,
한국에는 〈살림지식총서〉가 있습니다.

🔲 전자책 | 🔍 큰글자 | 🔊 오디오북

로봇을 향한 열정, 일본 애니메이션 아톰에서 에반게리온까지

펴낸날	**초판 1쇄**	**2009년 4월 10일**
펴낸날	**초판 4쇄**	**2024년 9월 30일**

지은이	**안병욱**
펴낸이	**심만수**
펴낸곳	**(주)살림출판사**
출판등록	**1989년 11월 1일 제9-210호**

주소	**경기도 파주시 광인사길 30**
전화	**031-955-1350** 팩스 **031-624-1356**
홈페이지	**http://www.sallimbooks.com**
이메일	**book@sallimbooks.com**

ISBN	**978-89-522-1129-3 04080**
	978-89-522-0096-9 04080 (세트)